新日本プロレスブックス

HIROSHI TANAHASHI
PHOTO HISTORY 1976-2009

HIGH LIFE
棚橋弘至自伝 I

イースト・プレス

赤ちゃん弘至。玉のようにかわいい。おそらく、まだ腹筋は割れていない。

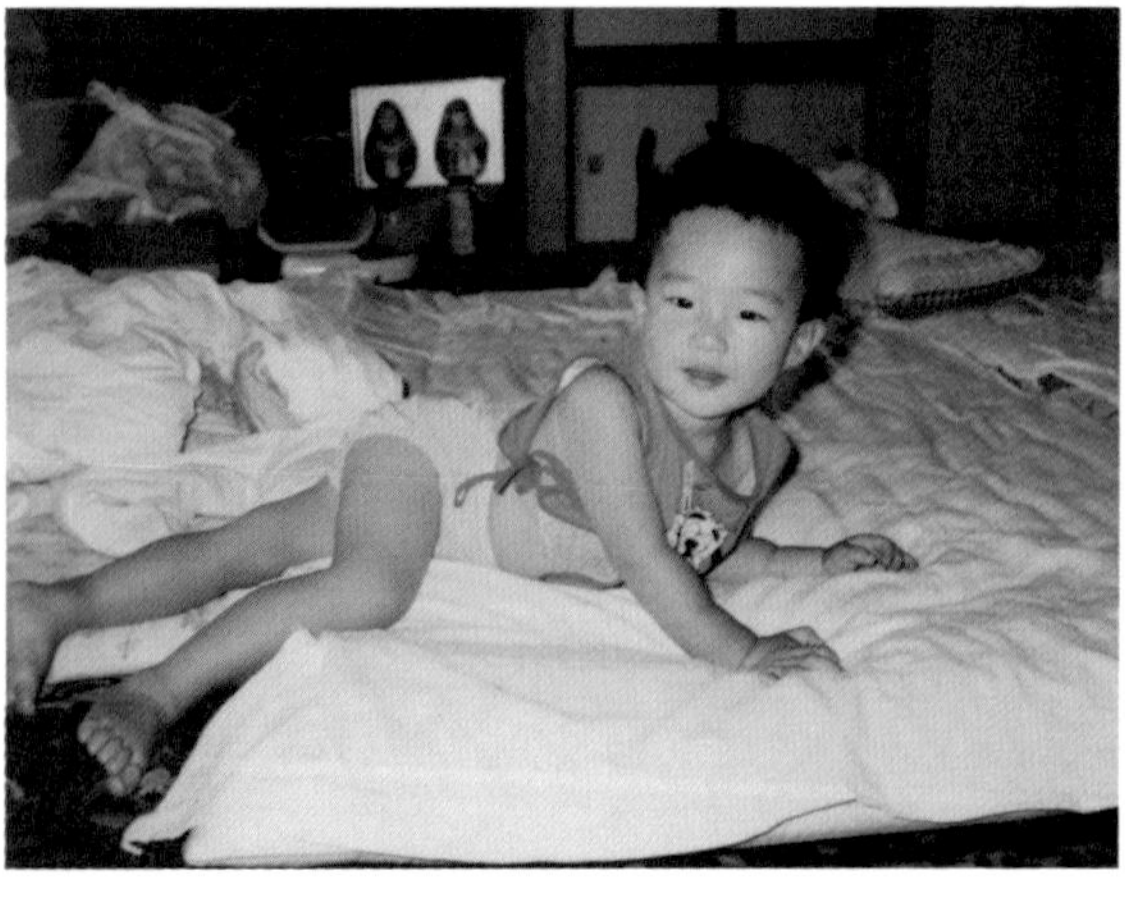

岐阜県各務原市の祖父母の家でお泊まり。この頃からお泊まり好き♪（コンプライアンス）

家族旅行で愛知県南知多市へ。早くもビーチで筋肉を見せつけている棚橋少年。

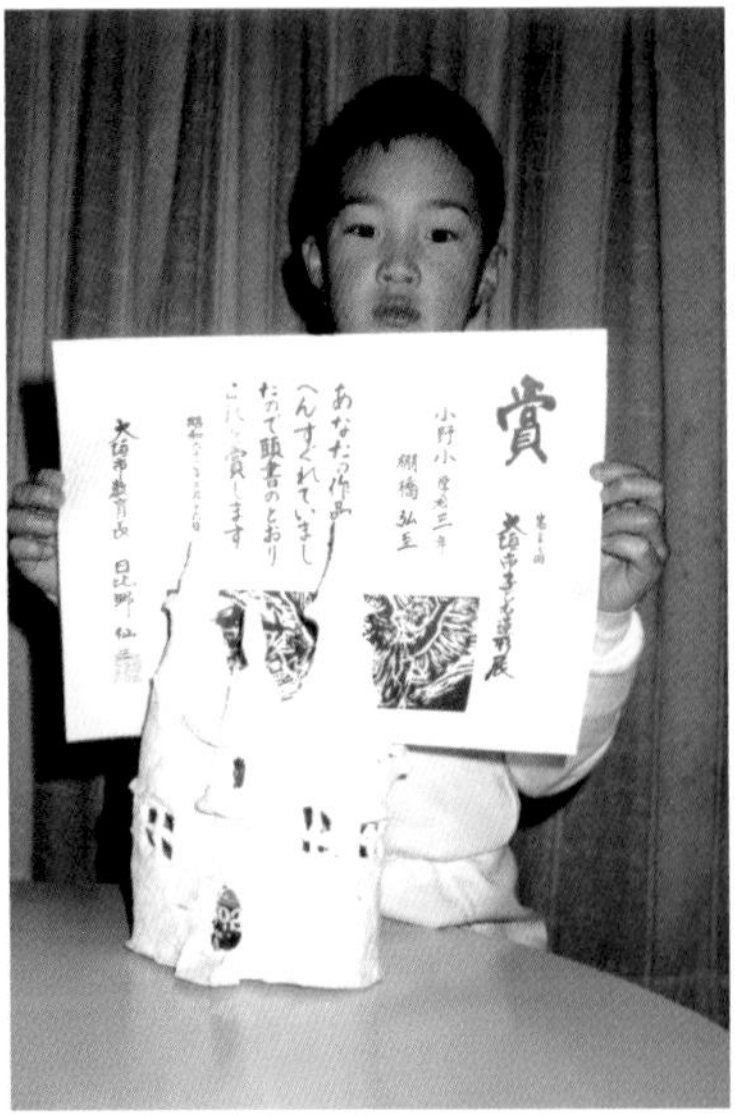

工作で入賞。当時、いちばん得意だったのは、野球でも勉強でもなく、工作。

家族旅行で鳥羽水族館へ。自分がどう撮られれば映えるかを早くも意識している(嘘)。

高校3年生。地元、大垣市にはじめてUNIQLOができたので、買ってきたシャツを着てうれしそうな弘至。

高校3年生。夏の甲子園の予選。7番レフトで出場。思いのほか高打率だったが、2回戦で敗退。チームメイトに「棚橋が打つと負ける」とまことしやかに囁かれる。

高校の卒業式後にクラスメイトと。プロレス同好会を作っていたが、メンバーはこの中の3人だけ。

立命館大学のトレーニング室で。アメフト部のデカい猛者たちがいるなかで、ひとり気を吐くプロレスラー志望。ちなみに、裸でトレーニングはダメです。

初披露!? 立命館大学プロレス同好会時代の写真。当時のキャッチコピーは「超合金ボディ」。そして、リングネームは「ハメヒロシ」(笑)。

立命館大学プロレス同好会(RWF)の仲間と。いま、みんな立派になっています。

デビュー戦の1か月くらい前の写真。後楽園ホールで撮ってもらいました。いまと比べると、とにかく脚が太い。
スクワットを1000回とかしていたしね(二度とやりたくない)。

1999年10月10日、後楽園ホール、VS真壁さん。デビュー戦の写真。90キロで入門して半年で12キロ増やし102キロでデビュー！ ちなみにいまは101キロ（笑）。

2002年8月4日、大阪府立体育会館。『G1 CLIMAX』に初出場。負け越したものの、佐々木健介選手を丸め込んで金星。このあと、丸め込みに味をしめて、スタイルが老獪になっていく。

2003年4月23日、広島サンプラザホール。U-30無差別級王座決定リーグ戦の優勝決定戦で、真壁さんに勝って初代王者に。年齢で区切るという前衛的なベルトでした。この頃は、肩に脱臼癖があってたいへんでした。いまは大丈夫。なんか治った(笑)。

2004年6月5日、大阪府立体育会館。IWGPヘビー級王座に初挑戦。大阪の皆さんの大声援が記憶に残っています。結果は、藤田和之選手の膝蹴りでノックアウト負け。ホロ苦かったなぁ。

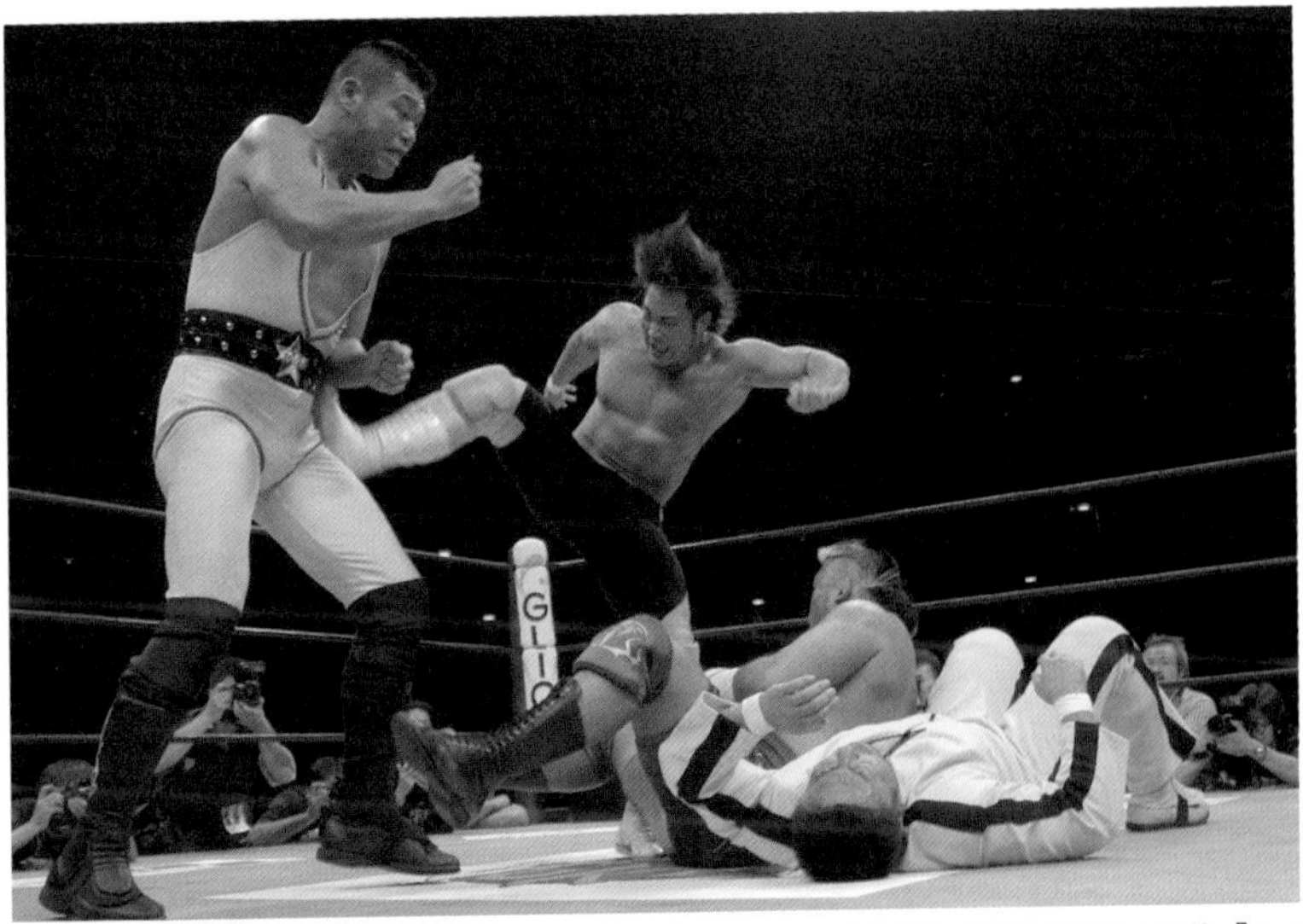

2004年11月13日、大阪ドーム。天山広吉選手と組み『ハッスル』の小川直也＆川田利明組と対戦。『ハッスル』にもっとも親和性があると思われる僕が、新日本に誇りがあると再確認した時代。いま思うと、もっとおもしろくできたような気がします。

2004年12月11日、大阪府立体育会館。中邑真輔とのIWGPタッグ戦は、とにかくやっていておもしろかった。先輩の僕が好き勝手に試合をするので、苦労していたのは中邑だったと思う。すまん!

2005年4月24日、大阪府立体育会館。初開催の『NEW JAPAN CUP』を制覇。オープンカーに中邑を従えて体育会館の周りでパレード。個人的にパレードをしたのは、後にも先にもこの1回だけ。たぶんいまは無理。

2006年1月4日、東京ドーム。新闘魂三銃士と呼ばれたひとり、柴田勝頼（当時ビッグマウス・ラウド所属）との一戦。毎回、ムキになって試合をしていました。いまはとても良い関係です。それにしても、この延髄切り、超下手くそ。

2006年2月19日、両国で永田さんとのシングルに初勝利。永田さんにはとことん鍛えられました。それを乗り越えてのいまだと思います。

2006年7月17日、はじめてIWGPヘビー級のベルトを巻いた北海道の月寒グリーンドームで。荒れ狂う海を航行しているような時代でしたね。でも、このときの経験や気持ちは、いまでも僕の財産です。

2007年8月12日、両国国技館。『G1』初優勝。新日本プロレスがいちばん厳しかった時代だと思う。両国国技館が満員にならなかった『G1』決勝戦はこのときがはじめてじゃないかと。

2008年3月23日、尼崎市記念公園総合体育館。『NEW JAPAN CUP』3年ぶり2度目の優勝。春に行なわれている大会なので、春男（はるおとこ）と言いはじめたけど、まったく定着せず。その後、後藤洋央紀も言いはじめたが、同じく定着せず。

2008年1月4日、東京ドーム。何度となく戦った中邑とのシングルマッチ。どの試合も思い入れがあります。現代版「ウサギとカメ」のような関係性でした。もちろん、カメは僕でした。亀橋。

2009年1月4日、東京ドーム。武藤さんのプロレスを観て、好きになって、プロレスラーになって、付き人も務めて、そして、師匠超え。ねぇ、こんなマンガのようなストーリーがあるかしら。

はじめに

このたび、こうして僕のレスラー人生をまとめた自伝本が発売されることになりました。ありがとうございます。いや、「愛してます！」かな。

のっけから「愛してます」が出ましたが、僕のレスラー人生は「愛してます」以前と以後に分けられるように思います。アレですね。紀元前、紀元後みたいなものです。

こうして、あらためて読み返してみると、その時々の時代背景や団体の状況、気持ち、立ち位置などが思い出され、通じて、しんどかったなあ、という感覚はあるものの、充実していたという思いのほうが強いです。

やるべきことがある。いや、気がつく。いや、見つけられる。いや、与えられる、ということは、人生にとって幸せなことです。

トップレスラーを夢見た若手時代。チャンピオンになったものの、ブーイングをもらい続けた時代。そのあと、新日本プロレスが復活していくのをリアルタイムで感じられるのは、この2000年〜2010年のあいだにもがき、苦しみ、けど、あきらめずに、試行錯誤し、挑み続けてきたからこそだと、我ながら思います。

プロレスから逃げなかった棚橋は偉いと、今回だけは褒めてください。いや、そのほかも褒めてもらって構いませんが（笑）。

高校生のとき、プロレスに出会い、生きているのが1000倍楽しくなりました。こんなにおもしろいものがあるのかと、夢中になりました。そのときも、それ以後も、僕はプロレスに、いや、プロレスファンのみなさんに、たくさんのものをいただいてばかりです。

何度となく、リング上から見渡す超満員の会場の景色を胸に焼きつけてきました。そして、これからも、それが続くと思っていました。

それが、いまはコロナ禍で、厳しい状況になっています。一度蘇ったプロレスが、思わぬ形で、その未来を閉ざされてしまったのです。

ぶっちゃけ凹みました。僕ががんばってきたのは、なんだったのかと。しかし、いまは違います。この原稿をチェックしながら、気持ちを新たに、もう一度、いや何度でも復活させてやるんだと。

苦しみのなかから立ち上がるのがプロレスラーなのだとしたら、いままでもらってばっかりだった僕が、これからみなさんにお返しをする番なのです。

この本を読んで、みなさんの生活に少しでもエネルギーを感じていただけたら、この上ない喜びです。

本書を手に取っていただきありがとうございます。いや……愛してます！

２０２１年逸日　棚橋弘至

HIROSHI TANAHASHI HIGH LIFE
棚橋弘至自伝 I

CONTENTS

CONTENTS

HIROSHI TANAHASHI

HIGH LIFE

第1章

野球少年から学生プロレスへ

1976-2009

生まれながらのチャラ男

――まず家族構成から伺います。棚橋選手は1976年11月13日、棚橋家の長男として誕生しました。

俺の2歳下に弟、さらに2歳下に妹がいます。ただ、いままで長男に見られた試しがないです。天真爛漫というか、両親に甘やかされて育てられたので。父は普通の会社員で、電力会社に勤めていました。だから家庭環境としてはごく普通だと思います。じいちゃんとばあちゃんがいて両親がいて、子どもたち3人の計7人家族で。

――出身は岐阜県大垣市ということですけど、周辺の環境というのは？

岐阜県は海がないんですけど、川が多いんですね。ウチも川沿いにあって、自然に恵まれていたというか、田んぼばっかりの田舎でした。毎日のように田んぼで遊んで、川で泳いで。2、3歳の頃はよく水たまりでドロ遊びをしてましたね。ドロはドロでも丁寧に砂利とかを取り除いて、トロットロのチョコクリームのようなドロが好きで（笑）。手はかからない子どもだったと思います。というのは、単純に自分が家にいなかったので。学校から帰ってきたらすぐ外に遊びに出て、晩飯までは帰ってこなかったですから。

――活発だったんですね。

はい。小5の頃に地元の野球団に入るんですけど、それまでは近所の友だちと遊び狂ってましたね。5、6人で鬼ごっこやらザリガニ捕りやら。これは先日、岐阜に帰ったときに言われたんですけど、幼稚園のときはスカートめくりしかしてなかったらしいです（笑）。その頃からチャラかったんでしょうねえ。俺は行けなかったんですけど、小学校の同級生の集まりで、俺にスカートめくりされたって子が30年以上の時空を超えて被害を訴えてたらしいです（笑）。

――クラスではどんな存在でしたか？

けっこう3枚目キャラでしたね。目立ちたがり屋だったので、いつもなんとか笑いを取ってやろうとして。あとは割と絵がうまかったので、卒業文集の表紙のイラストを描いたり。運動神経もいいほうでした。身体は平均よりちょっと小さいくらいだったんですけどね。中1で153センチでしたから。学校の成績は中の上くらいで、オールマイティではあるけど、とくにどこがすごいっていう子どもではなかったと思います。べつにモテたりもなかったですし。さすがにスカートめくりは卒業してましたけど（笑）。

――通知表の両親への報告欄にどんなことが書いてあったかは覚えてますか？

「忘れ物が多い、落ち着きがない」とかですかね。あと、傘の柄を女の子の股のあいだに入れたりしてたのを注意された記憶が残ってて、これも最近被害届けがありました（笑）。

――クラスにひとりはエロ情報の発信地のような男子生徒がいますよね（笑）。

小2頃。ザリガニが好きすぎて、近くのドブ川を“ひろし川”と呼びはじめる。

俺がまさにそれでしたね（笑）。先日、同級生4人で飲んだんですけど、そのうちのひとりに「俺は中1のとき、棚橋くんに○×△を教えてもらった」って言ってたので（笑）。同級生の親戚のおじさんの家に「週刊プレイボーイ」があって、それをこっそり読んでました。手塚理美さんの、すごくかわいいグラビアがあったんですよ。高校のときくらいまでずっと好きでした。あとは高木美保さんとか、ちょっと年上の女性が好きでしたね。

初恋の相手に3回フラれる

——初恋はいつ頃でしたか？

中学1年ですね、意外と遅めで。それまで女子はイタズラの対象でしかなかったんですけど、急に恋に落ちてしまって（笑）。別の小学校出身のクラスメイトの卒業アルバムを見た瞬間に、「うわ、かわいい！」って子がいたんですよ。Kさんっていうんですけど、俺、3回告白しましたから。中1、中2、中3とまんべんなく告白して、まんべんなくフラれました（笑）。ありがちな感じですけど、最初はその子の友だちに呼び出してもらって、ド緊張しつつも、いきなり告白して。

——イチかバチかですか？

それまでにちょいちょいそれっぽいモーションはかけてたので、「こっちの気持ちに気づいてくれてるかな？」と思ったんですけど……完全に勝算を見誤りましたね。で、3回目にフラれたとき、その理由を知りたかったので「好きな人いるの？」って聞いたら、「うん」って言われて、それが男闘呼組《おとこぐみ》の成田昭次《なりたしょうじ》っていう（笑）。「そりゃかなわん！」と思いましたし、それ以来、男闘呼組の名前を聞くだけで少しイラっとしてました（笑）。

――それだけ女性にアプローチするということは、中学の頃からそういう方面で熱心だった、と？

まあ、チャラかったとは思いますね。その子に3回告白するあいだに、ふたりの女の子と付き合ってますから（笑）。ちょっとかわいい子から告白されて。中学のときは割とモテ期だったんですよ。初彼女は中2のときで、一緒に下校したり、清く爽やかな交際でしたね。ふたり目に付き合った子は3日で別れちゃいました。学校でいちばんかわいい子だったんですけど、なんか、まわりから冷やかされるのがイヤで。Oさんっていうんですけど、なんであのときフッちゃったんだろう。ちょっともったいなかったかな（笑）。

――それだけ実績を重ねてると、「こいつはプレイボーイだ！」って見られてたんじゃないですか？

だから告白に失敗したのかもしれないですね。ちなみに俺、Kさんのほかに M さんっていう子にも告白してますから。当時、〝チャラ男〟って言葉はなかったですけど、あったらそのハシリみたいな感じでしたね。中学に入って身体も大きくなって、女子からもモテはじめて。相変わらず

3枚目キャラではあったんですけど、応援団に入ってたんですよ。応援団はモテるっていう法則があって。

――運動会で目立ちますもんね。

そうそう。動機は不純でしたね。運動会の棒倒しに参加したときに、たまたま俺の目の前だけ人がパーっといなくなったんですよ。そこで「いまだ！」と思って、棒をよじ登って旗をパっと取ったら、キャーキャー言われて……あれは俺の人生のハイライトです（笑）。それからは年下の子にも告白されるようになりましたし。

ピッチャー志望のライパチくん

――当時から鍛えていたんですか？

じつは中2からジムに通ってました。野球部でピッチャーをやりたかったんですけど、筋肉がつけば球が速くなると思っていたので筋トレしたり、体育倉庫にあった3キロの砲丸投げの球をこっそり拝借して、田んぼで投げまくったりとか。野球のフォームで投げてたんで、よく肩を壊さなかったなとは思います。ただ、実際はライトで8番だったのでライパチくんでした（苦笑）。野球は好きなだけで、うまくならなかったですね。

高校の野球部時代。チームメイトとマネージャーと。年上から人気でした。

——野球にハマったきっかけというのは？

岐阜では中日ドラゴンズの試合がよく放送されてたんですね。当時活躍してた谷沢健一選手を見て、母親が「あの人は恵まれない人たちに寄付する素晴らしい人なんだよ」って教えてくれて、「すごい！　応援しなきゃ！」と思って、ドラゴンズファンになりました。

——ちなみに野球での戦績は？

小学校は全然ダメで、中学校のときも市の大会で2回戦負けとかで、全然強くなかったです。思い出に残っているのは、中3の夏の大会、自分たちの代の引退試合ですね。俺、9回の裏ツーアウトでバッターボックスに立ったんですよ。で、一二塁間をライナーで抜いて「ヨシッ！」って思ったんですけど、ライトの返球がよすぎて結果的に〝ライトゴロ〟で終わって（笑）。当たりもよすぎたんでしょうけど、「マジかよ⁉」とがっかりしましたねえ。切ない思い出です。

人生初の3カウント負け

——プロレスと出会った時期はいつですか？

自分から観るようになったのは高1か高2のときだから、1992年くらいですかね。先に弟がテレビで観はじめてたんですけど、俺も一緒に観るようになって。新日本プロレスは闘魂三銃士が駆け上がってた時代で、ジュニアもかなり熱かったですね、ワイルド・ペガサス（クリス・ベノワ）とか、ブラック・タイガー（二代目＝エディ・ゲレロ）が活躍していて。でも、とくに個人的に惹かれたのは武藤敬司さんです。全日本プロレスだと小橋建太さんで、見た目もカッコいい、正統派なレスラーが好きでした。

――ちなみに棚橋選手はプロレスに対して、もともとどういうイメージを持っていましたか？

う～ん、まったく観てなかったので知識ゼロでしたから、どうだったんだろう……。まわりの同級生はプロレスを観ていて、廊下でダブルのブレーンバスターをやられたりしてましたよ（笑）。自分もプロレスに興味を持ちはじめてからは、進んで休み時間にプロレスごっこをしてましたね。俺が開始のゴングと同時に首固めにいったんですけど、机に足が引っ掛かってまわりきれなくて、そのまま押さえ込まれて負けたのを覚えてます。人生初の3カウント負けを喫しました（笑）。

――プロレスに興味を持ちはじめてからは、どんどんハマっていった感じでしょうか？

ズブっといきましたね！　好きだった野球に行き詰まったというか、あんまり上達しないなって自覚があったんですよ。そういうときにプロレスに出会って、「こんなおもしろいものが世の中にあったんだ！」って思うくらいに衝撃を受け、雑誌とかも買うようになって。大袈裟かもしれないですけど、生きてるのがすごく楽しくなってきたんですよね。

――プロレスのどんな部分に惹かれたんでしょう？

自分の想像を軽く超えてくれたところですかね。最初はあまり知識がない状態で観ていて、強烈なラリアットやスープレックスを食らって、「ああ、これで終わりだな」って思ったら、そこから選手が返す姿に「まだやるのか!?」と。そういうレスラーたちの姿にシビれました。

――ファン時代に印象深い試合というと?

これは全日本ですけど、小橋さんとスティーブ・ウィリアムスが愛知の豊橋市総合体育館で40分くらいやった試合ですかね(1993年8月31日)。最終的に小橋さんが負けるんですけど、ウィリアムスの垂直落下式バックドロップを何度食らっても立ち上がろうとする小橋さんの姿がすごくて。

――高校時代にはプロレスラーになりたいという気持ちが?

いや、そのときはまだ思ってなかったです。身長が175センチくらいで、体重も65キロしかなかったので。でも、高校の野球部の監督がウエイトトレーニングを取り入れる人だったんですよ。だから、冬のオフの時期にベンチプレスとかバーベルスクワットをかなりやりこんでたのもあり腹筋がバキバキで、水泳の時間とかも女子にキャーキャー言われてました(笑)。

――となると、中学の頃以上に?

はい、モテ期でした(笑)。ラグビー部のヤツらが「どうやったらそういう身体になれるんだ?教えてくれ!」って来ましたもん。恋愛のほうも充実していて、高2のときはNさんに告白して付き合いました。で、Nさんと別れたあと、3年のときは女子バスケ部のキャプテンのIさんと付き合って。でも初キッスはNさんです（笑）。

――せっかくなのでシチュエーションを伺えれば（笑）。

名古屋港水族館にデートに行ったんですけど、行きの電車の中から「今日こそキスしてやるぞ！」と思って、そのことしか頭になくて。でも、結局チャンスがなくて、帰りの電車の中で強引にキスしました。「今日中に！」っていう使命感に駆られたんでしょうね。ムードもまったく作らずに強行突破して。まあでも、Nさんとはそれから長くは続かなかったです（苦笑）。

――とはいえ、棚橋選手は女性に困ったことがないのでは？

高校のときは1個上の先輩からも告白されましたね。きれいな人だったな……。

――学生時代にイイ身体でキャーキャー言われるというのは、プロレスラー棚橋弘至の原風景のようにも思えます。

おそらく、自分の頭のなかにインプットされたんでしょう（笑）。

10・9東京ドームの衝撃

――プロレスを本格的に観はじめたのは高校1年からということですが、まわりにプロレス好きはいましたか？

同じクラスのIくんとKくんがプロレス好きで、一緒に文化祭でレスラーのコスプレとかしてました。単なる仮装ですけど、Tシャツに大きく「小橋健太」って書いておいて、なぜか顔には蝶野正洋さんみたいなヒゲを描いてみたり、統一感がない感じで（笑）。そんなふうに3人でプロレス同好会みたいなのを作ってましたね。

――会場ではじめて観たのは？

高校3年のとき、岐阜産業会館に全日本プロレスを観に行ったのが最初です。くわしいカードは覚えてないですけど、メインは6人タッグだったと思います。でも、やっぱり思い出深い大会は1995年の10・9新日本プロレスvsUWFインターナショナルの全面対抗戦ですかね。あれがはじめての東京ドームだったんですけど。あのときは大学のあった京都から東京まで出てきて。Iくんが長野の大学に通っていたので、東京で待ち合わせて一緒に行ったんですよ。大学1年でしたね。

――あの大会は67000人という観客動員で、いまも伝説の大会として語られています。

ホント第1試合からすごかったもんなあ。学生であんまりお金がなかったんで、2階席のいちばん上のほうから観てたんですけど、まわりの席もギッシリ埋まっていて、とにかくすごい盛り上がりでしたね。パンフレットを買った特典で新日本とUインターのステッカーがついてたんですけど、新日本のほうをグッズに貼って応援してました。

——応援するときは歓声をあげて熱狂するタイプでしたか？　それともじっくりと攻防に見入るタイプですか？

いや、あんなもん騒いだもん勝ちですよ！（笑）。印象に残っている試合はやっぱりメインですかね。武藤さんが髙田延彦さんのキックやサブミッションをどうやってさばくのかってところに興味があって。そうしたら髙田さんのキックを捕らえてドラゴン・スクリュー。そして最後は4の字固めっていう、おもいっきりプロレスの古典技で決めたのはうれしかったですね。

——初のドーム大会観戦が、いちばんインパクトあったわけですね。

これで味をしめたのか、このあとのドーム大会はだいたい観に行ってますよ。あと、この10・9と同じ年の『G1』で、両国5連戦ってあったじゃないですか？　優勝した武藤さんの「武藤敬司はますます驀進します！」ってマイクアピールが印象的で。

——優勝決定戦で橋本真也さんに勝利し、IWGP王者として初の『G1』制覇を果したときですね。ちなみに何日間か行かれたんですか？

5日間全部、泊まりがけで行きましたよ。しかもひとりで（笑）。宿もとくに決めてなかったんですよ。同級生の家に一泊したのは覚えてます。行き当たりばったりというかノープランで（笑）。当時は漫画喫茶とかもあんまりなかったですから、ファミレスで朝まで時間つぶしたり。

——当時お住まいだった京都に巡業が来たときは必ず会場に足を運んでたんですか？

そうですね。京都府立体育館とか、大阪府立体育会館にもよく行きましたし、滋賀だったら大津の体育館とか。府立体育館はジムが併設されていたので、「絶対に選手が来るだろう」と思って、学生プロレス時代の先輩とジムで練習しながら張ってたんですよ。そうしたら、マサ斎藤さんと武藤さんがいらっしゃって。おふたりが上がられるときに声を掛けて、一緒に写真を撮ってもらいました。トレーニングしてる風に見せかけて機会をうかがって（笑）。ファン時代の観戦回数は数え切れないですね。バイトで稼いだお金を注いで。学プロでは「どこどこにみんなで行こう」っていう話も多かったんですよ。俺らで会場を盛り上げようという使命感みたいなものがあり、自分たちからコールを発信してたんで、団体にとってはありがたいファンだったんじゃないかと思います（笑）。

立命館大学プロレス同好会

——関西の名門・立命館大学に現役で進学されますが、高校時代の成績は優秀だったんですか？

いいほうだったと思います。当時、甲子園の予選で負けた段階でプロ野球選手になるという夢はあきらめて、それなら野球を扱う新聞記者になりたいなと思ったんですよね。それで社会学部やマスコミ学科を狙って、いくつかの大学を受けたんですけど、そのなかでいちばんよかったのが立命館の法学部だったので。

――学生プロレスは入学してすぐはじめたんですか？

そうですね。入学式のとき、校内でいろんなサークルが勧誘活動しているなかに、学プロのブースもあったんです。立命館にプロレス同好会があること自体、知らなかったんですけど。ほんとは野球サークルかトライアスロンで迷ってたんです。過酷な競技だと思ってましたし、「これこそ男のスポーツだぜ！」っていうことで興味もあって。でも、最初に校内で出会ってしまったのがプロレス同好会（笑）。

――運命的な出会いをはたしてしまったわけですね。

学プロのブースが目立ってたんですよね。レスラーの入場テーマ曲をガンガン流して、会員も試合コスチュームを着てるわけですよ。「ＵＷＦ ＴＡＫＡＤＡ」とか入っているレガースを付けてたので、「うわ、ホンモノかな？」とか思ったりして（笑）。それで当時の会長さんに「プロレスやるんですか？」って聞いたら、「やるぞ！」と。さらに「プロレスラーになった人、いるんですか？」って聞いたら、「おるぞ！」と。

――棚橋選手以前に立命館出身のレスラーはいましたっけ？

いや、見事にウソをつかれて、結局は自分がその第1号になるんですけど、そのときは「スゲー！」とか感化されてしまって（笑）。プロレス同好会に入って、なおかつレスリング部でも活動しながら、さらにコンパ目的でテニスサークルにも入ってました（笑）。

――レスリング部に所属するきっかけというのは？

当時、俺は大学のトレーニングルームでウエイトをよくやってたんですけど、その横が柔道場だったんですね。で、夜間になると当時はまだ同好会だったレスリング部がそこで練習をしていて。立命館の附属高校のレスリング部から上がって来た人たちが練習してたんですけど、3、4人しかいなかったんですよ。それだと団体戦にも出られないということで、当時の監督にお声掛けいただいて。新人戦とか西日本のリーグ戦とかに出ましたよ。

――戦績のほうはいかがでしたか？

3年生になってから、ちょいちょい勝ちはじめましたね。4年生のときの学生リーグの1部・2部の入れ替え戦でも、俺らの代は勝って卒業して。あと、4年生は無条件で出られるので、インカレにも出場しましたよ。同じ会場にはふたつ下の矢野通、3つ下の中邑真輔とか後藤洋央紀もいたみたいです。神戸でやったのかな？　まあ、俺は1回戦でサラッと負けましたけど（苦笑）。

――学プロでは棚橋選手は伝説の存在になってるんですよね？

身体つきはよかったですからね。学祭とかで配るパンフレットには「2メートル、100キロ」って書いてありましたから（笑）。学プロ時代はとにかく楽しかったですね！　あそこは俺の原風

立命館大学のレスリング部。同学年の岸本くん(きしもっちゃん)に、いろいろ教わりました。

景ですよ。プロレス好きなヤツばかり集まって、とことんプロレスを楽しんでやるっていう。

——学プロは練習も本格的なんですか？

当時は各自でウエイトトレーニングをやるくらいで、受け身は練習する場所がないので、試合でリングがあるときに柔道出身者が中心になって練習してました。試合はそんなになくて、新歓シーズンとか学祭を含めて、年3試合くらいで。それ以外はアマレスやテニス、アルバイトやコンパに精を出してました（笑）。ひとつ上の先輩に芸人のRGさんがいて、個人的にも仲よくしていただきましたね。出渕さん（RGの本名）、かなりカッコいい先輩だったんですよ！　あの頃は大型バイクのカワサキ・ニンジャに乗って、音楽にもくわしいし、古着とかもオシャレに着こなす感じの人で。スゲー、カッコよかったですよ……当時は（笑）。

——RGさんのファイトスタイルがコミカル系だったのに対して、棚橋選手は本格志向だったそうですね。

自然に自分はそういうポジションに押し上げられたというか。実況では「この選手はいま攻めてますが、じつは単位を取れてません！」とかイジられてましたけど（笑）。俺は一時期、アルティメット・ウォリアー（元WWF王者）がモチーフで、キャッチフレーズは〝超合金〟でしたし、顔にペイントをしてヒラヒラのついたコスチュームを着てました。本家さながらに技はディンゴ・ボンバー（ラリアット）とフライング・ボディプレスくらいしかなかったですけど（笑）。

「将来はプロレスラーになります」

――学プロ時代のライバルが、のちにRGさんとお笑いコンビ「レイザーラモン」を結成するHGさんだったのは、ファンのあいだでは有名な話ですよね。

住谷さん（HGの本名）は同志社大学なんですけど、立命館と一緒に合同興行をやることがあったんですよ。あの人は日本拳法をやられていたので蹴りが鋭かったのを覚えてますね。普段は物静かな方でしたよ。出渕さんとはお互いにアメプロ好きということもあってか、意気投合されて。

――レイザーラモンというコンビ名も、アメリカの有名レスラーのリングネームにあやかったものですし。実際に肌を合わせてみたHGさんはいかがでしたか？

185センチあったので大きかったですね。シングルは2回くらいしかやってないと思いますけど、いま考えるとムチャクチャやってましたよ。雪崩式みちのくドライバーとか（笑）。まあ、学プロのリングは柔らかいので。同世代でZERO1の練習生になった学プロ出身者もいたんですけど、彼はケガでやめてしまいましたね。

――棚橋選手は学プロをやりながら、プロレスラーになることを夢見た感じですか？

はい、身体も大きくなりつつあったので。最初の入門テストは大学2年のときに受けるんです

大学1年生の頃には80キロ。講義のない時間は、だいたいトレーニング室にいました。

けど、合格したら学校を辞めようと思ってましたから。

——その気持ちはご両親にも？

いや、言ってなかったです。でも、「弘至のやりたいことはやらせてあげよう」っていう優しい親だったので。そういえば大学入学時にクラス分けがあって、その自己紹介のときにみんなが「弁護士を目指してます」とか「司法書士を目指してます」っていうなかで、俺は「将来はプロレスラーになります！」って言い放ってたんで、周りはキョトンとしてましたね。「法学部に何しに来たんだろ？」みたいな（笑）。

——入学時点でそんな宣言をするほどだったんですね。

もう、そのときはある程度、「よし、なろう！」って思ってたんでしょうね。で、入学時は65キロだった体重が1年で80キロになり、「もうちょっといけばジュニアヘビーの体重じゃん」っていうのもあって、より現実味を帯びてきたというか。しかも体脂肪で太ったわけではないので。なぜか買う服、買う服が着れなくなっていって、「俺、物持ち悪いな」と思ってたら、自分がデカくなってたっていう（笑）。トレーニングは独学だったんですけど、食事にも重点を置いてましたよ。学食ってだいたい300～400円くらいとかですけど、俺、毎回1000円分以上は食ってましたから。それに加えてサプリメントも摂って。プロテインはシェイクするのが面倒くさいから、粉をそのまま食って、水で流しこむっていう手法も編み出して。校内ではいつもデッカいリュックを背負ってたんですけど、プロテインとツナ缶とバナナを詰め込んでたんで、遭難しても1週間は大丈夫だったでしょうね（笑）。

——そんな姿でキャンパス内を歩いてたら、相当目立ってたんじゃないですか？

そうだと思いますよ。デカいリュックに加えて、大体いつもタンクトップ着てましたからね。これ見よがしに（笑）。

プロレスvsスノボー異種格闘技戦

——学生の本分である勉強のほうはいかがでしたか？

そっちは全然でしたね。1年生で取らないといけない単位を山ほど残してしまって、卒業間際まで苦労しましたから……。バイトもして学プロもやってレスリングもやって、テニスサークルにも所属して（笑）。テニスも週1でやってましたよ。でも肝心のコンパが思ったよりなかったので、そこは誤算でしたねえ。

——なかなか出会いがなかった、と。

高校3年のときから付き合ってる彼女はいたんですよ。Iさんって名前で、「大学に入ったら……いいよ」って言われてました（笑）。それで彼女は俺より一足先に大阪の短期大学に進学することを決めちゃったので、「アレ、約束は?」と思って、急に関西の大学を受けはじめ、彼女の進学先から離れてない立命館に決めました。男の瞬発力なんてそんなもんです(笑)。

――彼女がいたということは、そんなにチャラいことをしていたわけではないと?

そうですね。でも、このIさんには大学2年のときにフラれてしまって。当時、スノーボードが流行りはじめた時期なんですけど、彼女が滑りに行きたがっているにも関わらず、俺はますますプロレスにドップリだったので、興味を示さなかったんですよ。それで、彼女が冬に住み込みでペンションのバイトをはじめたら、そこに来ていたスノーボーダーとデキてしまって、結果的にフラれました。

――自分が興味を示さなかったスノーボードが決め手に(笑)。

はい、プロレスvsスノーボードの異種格闘技戦に負けました(笑)。あとあと聞くと、そのスノーボーダーはバッファローマンみたいなアフロヘアの男だって聞いて、二重のショックを受けましたねえ。でも、その別れのあと、自動車学校で隣の席の女性にボールペンを借りたところ、それをきっかけに仲良くなり、当時19にして27の人と付き合ってました。俺の年上好きがここに繋がったっていう(笑)。でも、いま思うとあれは付き合ってたのか、それともお姉さまの手のひらの上だったのか……(笑)。

――ちなみにこれまでお付き合いしてきたなかに、プロレス好きな人はいたんですか?

いや、いなかったですね、こっちも強要はしなかったですし。でも、たしか大学1年の冬に、一緒に大阪府立体育会館に新日本を観に行ったことはありました。メインが中西学さんとスコット・ノートンのIWGPヘビー級タイトルマッチだったんですけど、プロレスに興味を持ってもらえるまではいかなくて。そして、ほどなくしてバッファローマンに奪られると(笑)。

――当時、棚橋選手はアルバイトにも精を出していたそうですね。

いろいろやってましたよ。「無印良品」でクビになったこともありますし(笑)。勤務態度が悪かったというか、レジ打ち担当だったときにお客さんが来ない時間帯があったんで、レジカウンターの下に隠れて、床で腕立てしてたんですよ。そうしたら運悪くお客さんが来ちゃったんですけど、俺は腕立てしてるから気づかないわけですよ。で、そのお客さんがほかの店員を呼びに行って、結果的に俺がゴソゴソしていたのがバレてしまったという。腕立てじゃなくスクワットにしとけばよかったんですけどねぇ(笑)。それでお店の偉い人に「腕立てやめて続けるか辞めるか、どっちかにしろ」って言われて、結果的に辞めるんですけど。

――腕立てが原因で辞めるってなかなか聞かないですね(笑)。

京都の祇園にある飲み屋街でもバイトしてました。高級クラブでベストに蝶ネクタイをしてウエイターをやってたんですけど、お客さんが残した寿司とかを厨房に下げた瞬間にガーっと食ったりしてましたね(笑)。

HIROSHI TANAHASHI

HIGH LIFE

第2章
新日本プロレス入門

1976-2009

3回の入門テスト

——新日本の入門テストには、3度目でようやく合格されたんだとか。

はい、2回落ちてます。最初に受けたのは大学2年のときでしたね。一般公募の合同テストで、まず書類審査を通過して上京し、はじめて新日本の道場に足を踏み入れて。あのときは井上亘さんも受けてましたね。全部で40〜50人はいたと思うんですけど、ものすごく緊張しましたよ！ 試験官は橋本真也さん、佐々木健介さん、ブラック・キャットさんとか、知ってるレスラーばかりですから。で、俺と井上さんはメニューを全部こなせたんですよ。

——それでも落とされたわけですか？

はい、あのときは合格者ゼロでしたから。おそらく「今年は採らなくてもいっか」みたいなノリもあったと思うんですよね。たとえば、そのときに寮生がいっぱいだったら今年は採らない。逆に寮に人が足りなければ「ちょっと身長は低いけど入れとくか」とか。だから、新日本のテストってすごく運が左右するんですよ。そのテストの帰り道、等々力駅までの長い坂を井上さんと一緒に上った記憶がありますね。俺から見て、「この人は受かっただろう」っていうのが井上さんだったんですよ。大声を出してやる気を見せてたし、身体も大きかったし、「受かるならこの人か俺だな」っていうのがあって。井上さんのすごいところは、スクワットが終わって次の腕立てまで、普通なら休みたいところじゃないですか？　それなのにインターバルのあいだも声を出して、ずっとスクワットしてるんですよ（笑）。それを見た長州力さんに「おい、おまえ、休め！」って言われて、強引に止められるっていう。

——さすがアニマル浜口ジムの門下生ですね。帰り道に何を話したかは覚えてますか？

そこまでは記憶にないですけど、井上さんは当時からまじめな話し方でしたね。そのあと、不合格に納得いかなかった俺は、新日本が滋賀県に興行に来たときにパンフ売り場にいた田山さん（元レフェリー）に「入門テストでメニューを全部こなしたのに落ちました。なんでですか？」って聞いたんですよ。そうしたら「じゃあ、もう1回受けろ」って言われて、自力で2回目の入門テストを引き寄せて。

——合同テストではなく？

そうです、ひとりだけ特別にテストを受けさせてもらいました。道場で今度は橋本さんと藤田和之さんに見てもらったんですけど。でも、よりによって当日、激しい嘔吐と下痢を繰り返して、ものすごく体調が悪くなっちゃったんですよね……。結局、スクワットで潰れてしまい、「出直してこい！」という一言で終わって。それで道場を出て、角を曲がって見えなくなったところでブッ倒れて。すぐに自販機でジュースを3本買って飲んだんですけど、あっという間に3本分を全部吐いて。フラフラになりながら失意のまま等々力駅までの坂を上がってという感じでしたね。

――どうしてそんな大事な日に体調を崩してしまったんですか？

このテストの前日にジムに行ったんですよ。そこに『1・2の三四郎』（小林まことのプロレス漫画）が全巻あったので「よし、これを読んでモチベーションあげよう！」と思って、トレーニングが終わって汗ダクのまま読みはじめたら、おもしろくて止まらなくなっちゃって、その挙げ句に高熱になるという（苦笑）。俺、三四郎たちがプロレスラーを目指して、トレーニングでグングンと身体が大きくなっていく場面がいちばん好きなんですけど、そのときは逆効果になりましたねえ。だからその年は1年に2回受けてるんですよ。2回目に落ちたのはけっこうショックでしたね。自分のなかでも入れるぞっていう手応えはあったんであきらめる気はなかったですけど。入門テストの規定が「スクワット500回」ならこっちは1000回できましたし、「ブリッジ3分」なら5分耐えられましたし。

――普段の力を出せば通過できると。新日本以外の団体に興味はなかったんですか？

やっぱり新日本がいちばんの団体ですし。当時、二大メジャーと呼ばれた新日本と全日本を比較したときに、全日本にはどこかレトロな印象があったんですけど、新日本のブルーのマットはすごく洗練されてるように見えたんですよね。よりアスリートとしての競技性も見えたというか。それに闘魂三銃士を筆頭に多くのスターが揃ってましたし。「この団体に入ってがんばり続けたら、自分もスターになって金も稼げる！」みたいな夢と読みはありました。

――そして、3度目のテストで合格にこぎつけると。

あれは大学3年のときだから、97年の11月くらいですね。俺のほかに井上さん、柴田勝頼さん、あとは新日本でトレーナーをやっていた新島英一郎さんと、もうひとりが受かって。そのときの試験官は長州さん、健介さん、ブラック・キャットさんでした。テストが終わって、長州さんに「よし、この5人だ」って名前を呼ばれたときは、「よし！　やっと受かった！」って思いましたね。

――テスト慣れした部分はありましたか？

まあ、3回目ですから（笑）。スクワットのとき、正確には足を曲げたときにカカトを上げなきゃいけないんですよ。でも、それだとしんどいのでちょっとズルしてやってたら、横からネコさん（ブラック・キャット）が見てたので「マズい！」と思いました（笑）。

――慣れすぎるのもよくないですね（笑）。その入門テストのときに、高校を卒業したばかりの柴田選手とスパーリングをされたとか？

そうそう。アマレスみたいにバックを取りあったりして。当時の柴田さんは線が細くて、おぼこい青年という感じでしたよ。柴田勝久レフェリーのお子さんということはなんとなく知ってたので、「あ、この人か」と思いました。

父親からの手紙

――新日本への入門が決まって、周囲の反応はいかがでした？

両親は賛成も反対もしてなかったです。でも、あとから母親に聞いたところによると、父親は友だちや会社の同僚に相談してたみたいですね。「息子がプロレスラーになりたいっていうんだけど、どう思う？」って。一般の人にしてみればプロレスラーなんて珍しい職業じゃないですか？「おもしろそうだから、やれやれ」みたいに言われたらしいんですけど、結局、他人ごとというか、父親は悲しくて涙が出たと言ってましたね。

――複雑な心境だったんでしょうね。プロレス好きの弟さんの反応はどうでしたか？

当時はこっちがひとり暮らしでしたから、あんまりコミュニケーションを取っていなかったんですけど、冗談交じりに「おまえも入門テスト受けろよ」とか薦めてたんですよ。彼は野球部のピッチャーで、俺よりもはるかにうまく運動神経がよかったので。上背も189センチもあるし顔もキリっとして、俺と違ってパッチリ二重でカッコよかったんですよ。新日本に高野兄弟以来の兄弟タッグができるぞって（笑）。

――逸材の弟も逸材だったんですね（笑）。

でも、彼が19歳くらいのときにバイクで大事故を起こし、大腿骨を折ってしまって。弟の大事故と俺がレスラーになる時期が重なったので、両親もたいへんだったと思います。弟はあやうく死にかけるくらいの事故だったんですけど、兄のほうも自ら危険に身をさらしにいくような職業ですからね。本来なら止めたいところを送り出してくれて。そもそも大学で京都に行くときに、父親は「もうこのまま、あいつは帰ってこないだろう」という予感はしてたみたいで、手紙をもらってたんです。「誰が主役か、常に見極め、身体を自愛し、楽しく過ごせ。父」って書いてましたね。たぶん、俺の性格をすごくよくわかっていて、「おまえは目立とう精神がすごいから、空気を読め」ってことだったと思うんですけど（苦笑）。それに「自愛しろ」って言われているのに、痛めつけにいってるっていう（笑）。ちなみに弟はいま名古屋で設計の仕事をしてます。

――入門テスト合格を聞いた学プロ仲間の反応は？

喜んでもらえましたね。俺、テストに行く前は「絶対に受かってくる！」とか大見得を切ってたんですよ。で、2回も落ちてるにもかかわらず、ずっと応援してくれて。入門テストに備えてひとりでスクワットを500回とか1000回とかしてたんですけど、一緒にやってくれる同級生がいたのはありがたかったですね。結果的に3年生が終わるぐらいの時期、同級生が就活をはじめる頃に、俺は誰よりも最初に内定が決まってたっていう。「内定先・新日本プロレスリング」ですから（笑）。まあ、でもそこから入門するまでがたいへんだったんですけどね……。

「大学だけは卒業してから来い」

——入門テストに受かってから、正式に入寮するまで時間が空いたそうですね。

はい。もともと、俺は入門テストに受かった時点で大学を辞めようと思ってたんですよ。でも、合格したときに長州さんに「何が起こるかわからないから、大学だけは卒業してから来い。おまえは待ってやる」って言われて。こっちとしては「エ？　マジで!?」っていう感じですよね。正式入門までは1年以上も待たないといけないわけですから。

——同じテストで合格した井上さんや柴田さんは先に入寮しているってことですよね。

だから、あのふたりは俺より1年先輩になるんです。俺は合格しても入寮するまで就職浪人じゃないですけど、レスラー浪人というか（笑）。焦りましたよ。もうすぐにでも行きたかったですから。でも、いま振り返ると長州さんの優しさだったんだと思います。練習が厳しくて逃げたり、ケガでレスラーの道を断念したりするかもしれない。そうなったときに、大学を出てると出てないじゃ違うからってことだと思うんですよね。ただ、当時はそれを言われたときに目の前真っ暗になりました。

——棚橋選手は大学を辞めることを前提で就職活動していたようなものですし。

そうそう。で、4年次に取らないといけない単位が58も残ってたんですよ。1年間で履修でき

新日本プロレス入門直前、家族と実家の前で。こころよく送り出してくれました。

るのはフルマークでも60単位までだったので、授業をふたつ落とすだけで卒業できないっていう（苦笑）。いやもう、猛勉強しましたよ！　1年生で履修しないといけない「憲法」とか基本的な授業も取ってなかったので、下級生にまぎれて大講義室のいちばん前で受けてました。身体も大きいし、当時は金髪の丸坊主だったんで目立ちましたね（笑）。友だちにも全力サポートしてもらいましたよ、フォーメーションを組んでもらって。

――「棚橋くんを卒業させる会」みたいな（笑）。

これで留年したら入門が遠のくわけですから。幸いまわりは優秀な友だちばっかりだったんで、同じ授業を取ってるヤツにノートを借りたりして。でも、まわりが助けようもない1年生の授業は自力で一生懸命勉強してましたね。それに加えて卒論も書きました。当時、ｔｏｔｏ（サッカーくじ）がはじまる頃だったので、そのあたりのことをテーマにまとめました。ｔｏｔｏは国会議員だった馳浩さんも推していたので、「ちょっと賛同しようかな」みたいなのもあって。

――井上さんや柴田選手たちと差がつかないように、練習もされていたんですか？

そうですね。だから、その1年間は生きてきたなかでも屈指の充実度でしたよ。たとえば1限の授業に出て、3限まで時間があいたら、そのあいだにジム行って。あとは大学のレスリング部の練習が週2であったし、それ以外の日は立命館宇治高校のレスリング部にバイクで出稽古に通って。ここは中西学さんの出身校なんですけど。そういう日々を過ごし、入門テストに受かったときは80キロぐらいだったのが、大学卒業するときには90キロぐらいになってました。

――そして、念願の入門となるわけですけど、初日のことは覚えてますか？

よ～く覚えてます。春分の日に卒業式があって、その翌日に来るように指示があったんですよ。新日本から実家にライオンマークの封筒が届いて、「3月22日に事務所に来てください」と。なので、岐阜から両親に見送られて新幹線で上京し、気持ちを引き締めながら六本木のテレビ朝日の内部にあった新日本の事務所を訪ねたんですけど、なんと閉まっていて誰もいなかったっていう（苦笑）。ホント、途方にくれましたよ！　当時は六本木に闘魂ＳＨＯＰがあったので、そこに行って店員さんに「入門テストに受かった棚橋と言います。今日、事務所に来るようにとのことだったんですが閉まっていました。どうすればいいでしょうか？」って聞いたら、当時の道場管理人だった太《ふとり》さんに連絡をしてくれて。

――太さんは2001年まで道場で料理人もされていた方ですね。

それで太さんに「とにかく一度道場に来い」って言われて、そのまま入寮しました。次の日にあらためて事務所に行ったんですけど、こっちとしては「来いって言われた日に事務所が休みって、どうなってんですか？」みたいな（笑）。そのとき、当時社長をやられていた坂口征二さんに「オウ、新人がもうひとり来てるんだ」ということで紹介されたのが、鈴木健三さん（現ＫＥＮＳＯ）なんですけど。

――のちに〝ダナケンタッグ〟を結成するパートナーとの初対面ですね。

はい。このときは坂口さんが俺とKENSOさんをテレ朝内の食堂に連れていってくださって。196センチの坂口さん、192センチのKENSOさんを見上げながら「これはたいへんなところに来たな」って思いましたね（笑）。KENSOさんの入寮はそれからしばらく経ってからでしたけど。当時、KENSOさんは東海テレビに勤められていたので、会社の引き継ぎや自分の引っ越しがあったんでしょうね。

――のちにKENSO選手は東京ドームでデビューをはたすわけですが、当初から「これはプッシュされるな」みたいなものは感じましたか？

そのときは自己紹介ぐらいだったんですけど、あとから明治大学ラグビー部の花形選手で、周囲の注目も高いって知ったんですよ。すぐにライバル心が芽生えましたね。

「おい、なんかおもしろい話しろよ！」

――入寮当日のことは覚えてますか？

その日は巡業中だったんで、新島さんが残り番をしていました。で、選手たちは次の日に戻ってきたので、玄関で「お疲れさまです！　昨日入門しました棚橋といいます。よろしくお願いします！」って全員に挨拶をして。返してくれない先輩もいれば、「がんばって」と一声掛けてくれた先輩もいました。入門してすぐっていうのは先輩から名前も呼んでもらえないし、覚えてもらえないんですよ。デビュー前に辞めていくかもしれないっていう頭があるので、ある程度「こいつは残るだろう」ってなってからじゃないと、新人とは基本的に話さないというか。

――当時の寮長は？

吉江豊さんですね。その下に真壁刀義（当時・伸也）さん、藤田さん、井上さんと柴田さん。途中で福田雅一さん（99年1月にレッスル夢ファクトリーから新日本に移籍）が入られて、それから俺とKENSOさん。その頃は寮生も多くて、大型の選手ばっかりでしたね。

――道場の雰囲気はどんな感じでしたか？

いまぶっちゃけると、吉江さんと真壁さんがあまり相性良くなかったですね（笑）。でも、真壁さんは練習では厳しい人でしたけど、それ以外のときは下の人間に優しかったですよ。よく、「おい、棚橋。なんかおもしろい話しろよ！」みたいな感じで声を掛けて、リラックスさせてくれて。まあ、そのフリはそのフリでつらかった部分もありましたけど（苦笑）。

――すべらない話を求められてるみたいな感じですよね。

こっちはまだ外出禁止で、寮から一歩も出てないのにおもしろいことが起こるわけないじゃないかっていう（苦笑）。でも、真壁さんの決まり文句というか、「おい、なんか楽しい話しろよ！」

「ないです！」っていう流れが定番でしたね（笑）。

――真壁選手は当時、若手を集めてスイーツパーティーをやることがあったとか？

ああ、そうですね！「これでシュークリームとか甘いもの買えるだけ買ってこい！」って２０００円くらい渡されて。あの人は当時からスイーツ真壁でしたよ。練習では厳しくても、普段は本当に気さくで。いまもそうですけど、そういうメリハリのきいた先輩でしたね。

――当時の寮生のなかでは、KENSO選手が怒られ役で棚橋選手は優等生だったと聞きます。

俺は要領よかったですから。体力はあったんで練習メニューはほぼ完璧にこなしてましたし。練習で潰れたのは、はじめの頃の1回だけかな？　井上さんとふたりでジャンピングスクワット50回、通常のスクワット50回を延々と繰り返してたんですけど、途中で足がパンパンになって動けなくなって。でも、井上さんは平気で続けられていたので、「これが1年間の体力の差なのかな」と思いましたね。

――KENSO選手が怒られやすいというのは、どういう部分で？

あの人は入門前から寮生活に慣れていたので、けっこう抜くところは抜くというか、それが先輩方の目についたんじゃないですかね？　練習メニューに関しても俺はそつなくこなすんですけど、ＫＥＮＳＯさんは身体が大きいので。たとえばスクワット1回にしろ、こっちに比べれば可動域も広いじゃないですか。そういった部分で指導を受けるのは多かったですね。ＫＥＮＳＯさんが叱られてるときは、こっちにしたらインターバルなんですよ（笑）。

真壁、柴田との3人部屋

――練習以外の部分でつらかったことはありましたか？

体育会系の寮生活ははじめてだったんですけど、「こういうもんなんだな」っていう感じで受け止められたので、とくに苦に感じる部分はなかったですね。強いて言うなら3人部屋っていうのはイヤでしたけど。ドア近くが真壁さん、真ん中が俺、奥が柴田さんっていう配置でした。で、当時の寮は空調の効き具合がハンパじゃなかったんですよ。俺と真壁さんは暑がりでクーラーをかけるんですけど、柴田さんはけっこうナイーブで、夜中に冷房を止めるっていう（笑）。そういう冷房のスイッチのせめぎ合いはありましたね。まあ、主導権は先輩の真壁さんにありましたけど。あとは、真壁さんが外出しているあいだに、部屋に貼ってあったグラビアアイドルのポスターを全部剥がして、代わりにボディビルダーのポスターを貼ったってことがありました（笑）。悩ましいグラビアポーズが、ドリアン・イエーツとか名ボディビルダーのポージングになってるっていう（笑）。真壁さんもさすがにいつもと違う景色に気づいて、「オイ、どんだけナイスバディだよ！男くさい部屋をさらに男くさくしてどうすんだ！」って苦笑いしてました（笑）。

――当時はヤングライオンが充実していましたけど、とくにどなたと仲良かったですか？

やっぱりＫＥＮＳＯさんですかね。途中でＫＥＮＳＯさんとのふたり部屋になったんですよ。それからはふたりで絵空事も含めて、夜な夜な夢を語ってました。希望だけはあったっていうか。よく、ふたりでヤンチャしたなぁ。

――掲載できる範囲のエピソードはありますか？

道場でワカとモモっていうワンちゃんを飼ってたので、ふたりで多摩川に息抜きがてら、散歩しに行ってってたんですよ。そこでファンの女の子たちとオシャベリしてて、しばらく道場に帰らなくて、先輩に「どこ行ったんだ!?」って怒られたり（笑）。あとは、合同練習のスクワットの回数がハンパじゃなくて、ふたりとも筋肉痛で動けなくなったことがあって。そのとき、ＫＥＮＳＯさんに「これを治すには正座して、石鹸で泡立てた拳でモモをグリグリしたらよくなるよ」って教えてもらって、ふたりで裸になって風呂場で正座し、無言でグリグリしあったのを覚えてますね（笑）。そのうちＫＥＮＳＯさんから「……タナ、やめようか？」と切り出して（笑）。

――むなしくなったんですかね（笑）。デビュー日が同じだった井上さんは？

練習に対してとても厳しかったです。当時は健介さんの付き人だったんですけど、たいへんそうでしたよ。「僕の中にも容量があって、いっぱいいっぱいになると人には優しくできない」って。

――健介さんが若手に厳しいという話は有名ですが、あの井上さんが余裕がなくなるくらいだったんですね。もうひとりの同日デビューである柴田選手は、棚橋選手にとって年下の先輩にあたりますね。

当時はヤンチャだった気はしますね。あとはケガが多かった記憶があります。線も細くて、俺より3つ下でまだ19とかでしたし。あの頃から柴田さんはマイペースでしたよ。KENSOさんとは年が離れすぎてたし、井上さんとの会話もあまり見たことはなくて。ただ、彼は服とか靴とか買い物が好きだったので、何回か一緒に渋谷とか原宿あたりに買い物に行きましたね。当時は渋谷の東に事務所があったので、そこに行った帰りに一緒に服屋さんを覗いて。当時は服のセンスが近かったというか、そんな時期もあったと（笑）。

長州、武藤の付き人時代

——デビュー前に「辞めたい」とか、気持ちが折れそうになったことはありますか？

ないですね！　俺、辞めようと思ったことは1回もないですから。寮生だった頃は、まわりでもそういう人はいなかったです。東海テレビからプロレスの道に入ったKENSOさんも、なんやかんやで覚悟を決めてましたし、柴田さんからも井上さんからもそういうことは一度も聞いたことなかったですね。

――みなさん、志が高かったと。棚橋選手はどなたの付き人をされてたんですか？

デビュー前、最初についたのは武藤さんですね。井上さんが健介さん、真壁さんが長州さん、柴田さんが藤波辰爾さんでした。たぶん適当に振り分けられたと思います。もしかしたら指名があったのかもしれないですけど、若手にはそこまで情報は入ってこないので。

――ファン時代からいちばん憧れていた選手の付き人になったわけですね。

はい、うれしかったです。付き人自体もはじめての経験で新鮮でしたし。間近で見る武藤さんはデカかったですね。しゃべりかたもあのままだったので、「おお、一緒だ」と思って（笑）。ただ、武藤さんはアメリカを長く経験されていることもあってか、付き人としてとくにたいへんに感じたこともなかったです。アメリカには付き人制度はなく、自分のことは全部自分でやるので。俺は武藤さんの衣類を洗濯したり、風呂のときにタオルとボディソープを用意したりとかくらいでした。武藤さんはよく休日にはジムに行かれていたので、「タナ、ジム行くぞ！」って、一緒に練習をしていた記憶が多いですね。

――武藤さんは練習熱心だったと？

それはもう、常に巡業中は「タナ、ジム探しといてくれ」って感じでしたから。そういうことを通して、俺も「時間が空いたらジムに行く」ということを学んだというか。武藤さん、力はかなり強かったですよ。

同日デビューの井上さん、柴田さんと。その後、「三羽烏」と呼ばれたが定着せず。

——華麗な動きに目がいきがちですけど、上半身のパワーは健介さんと同等だったらしいですね。

俺も力には自信があって、あるときジムで片方34キロをダンベル・ショルダープレスで挙げてたんですよ。そうしたら武藤さんが横に来て「おまえ、軽いのやってんな！」とか言って、36キロを「フンヌーッ！」って持ち上げてました（笑）。ふたりで競り合うようにトレーニングしてましたね。武藤さんがベンチプレスで190キロ挙げてたんですけど「スゲーな、やっぱり」って思ってましたから。でも、俺も2014年頃に一度だけですけど190キロを挙げたことがあって、ようやく追いついたという（笑）。

——食事に連れて行ってもらったりしましたか？

ちょくちょくありましたよ。武藤さんはスターだったので、いろんなところから声が掛かるわけですよ。そこにご一緒させていただいて。とくに都内のビッグマッチのあとは、よく銀座の高級なお店に連れていってもらいましたね。22歳の田舎から出てきたアンちゃんにしたらカルチャーショックですよ。「ああ、東京は綺麗な人が多いな」とか（笑）。高級クラブで武藤さんが同席された方とお話ししているソファーの端っこで、飲み物に気を遣ったりして。

——気も抜けないですよね。

でも、楽しかったですよ。自分の知らない世界でしたし、まわりが「武藤敬司だ」ってザワザワすると、「俺、スターと一緒にいるんだな」って誇らしい気持ちになって、「いつか俺もこうなるぞ！」って気持ちも湧いてくるし。まわりの同期に比べると、仕事的にはいちばんラクだったと思います。で、武藤さんをやりつつ、今度は長州さんにも付くことになって。武藤さんはなんでもご自分でされる方だったんですけど、長州さんは昔ながらの付き人を求める方というか。たとえば、試合後、長州さんが控え室に戻って来たらリングシューズを脱がしてっていう感じでしたね。

――棚橋選手は武藤さんとは結び付きが強いイメージで、長州さんとはあまり繋がりが見えない印象でした。

いやいや、俺は武藤イズムだけじゃなくて長州イズムも受け継いでますから！ 長いうしろ髪だけかもしれないですけど（笑）。長州さんにもよくご飯に誘ってもらいましたよ。ただ、予定がバッティングしたときに「すいません、今日は武藤さんに誘われていて……」って言ったら、「おまえ、俺の誘いを断ったら次ないぞ、コラ？」って怒られたり（笑）。あと、長州さんにはけっこう、「オイ、吉野家買ってきてくれ！」って頼まれることが多かったですね。先日も真壁さんとしゃべったときに、「長州さんにはよく買いに行かされたよな！」って話題になりました。で、長州さんは必ず特盛ふたつ、さらに牛皿の特盛もふたつなんですよ。

――それをひとりでたいらげるわけですか？

もう、肉、肉、肉ですよ（笑）。「おまえも買っていいからな」ってお金を渡されて、「どんだけ食べるんだ?」と思いながら、それをホテルに届けてました。

——付き人ならではの失敗談はありますか?

長州さんの巡業バッグに入ってたボディソープのフタがちゃんと締まってなくて、バスタオルにぶちまけちゃったことがありましたね。そういうときは「ヤベー!」と思いながら、武藤さんのバスタオルを長州さんに使ったり(笑)。ふたりについていたという利点を活かして、ソツなくこなしてたかと。試合に関してはよく怒られてましたけどね。

新日本にプロテイン文化を普及

——井上さんや柴田選手よりも正式入門は1年遅れたわけですが、デビュー戦はふたりと同日でした(1999年10月10日・後楽園ホール)。

そうですね、入門して半年でデビューできました。身体付きが割とよかったっていうのもありましたし。入門テストに受かってから大学卒業までの1年間で身体を作って、入門したら1日でも早くデビューしようと思っていたので。寮に入ってからもちゃんこ食ってプロテイン飲みまくって、さらに身体を大きくして。当時、新日本にはプロテインを飲む人があんまりいなかったんですよ。俺はその頃から寝る前に冷蔵庫にプロテインドリンクを作り置きして、夜中の3時ぐらいに目を覚まして飲んでました。それからまた寝るっていう（笑）。

――寝ているあいだもトレーニングみたいなもんですよね。

カタボリックって言うんですけど、寝てる時間がいちばん筋肉が分解されるので、そのタイミングでプロテインを摂るのが効果的で。そういう生活を半年間続けてたら12キロ太りました。

――通常、新弟子だとストレスとかでなかなか太れないと聞きますが、逆だったわけですね。

しかも体脂肪率はあんまり変わってないので、純粋に筋量で大きくなって。口にこそ出しませんでしたけど、「所属選手のなかで俺がいちばんいい身体してるな」って思ってましたからね。デビュー前なのに（笑）。

――そんなヤングライオン、聞いたことないですね（笑）。

武藤さんや中西さんも上半身はデカかったですけど、バランスで見たら自分がいちばんだなって思ってました。新日本にプロテイン文化を根付かせたのは俺なんですよ。それからまわりも飲むようになったので、ひとつの〝棚橋革命〟です（笑）。

HIROSHI TANAHASHI

HIGH LIFE

第3章 ヤングライオン時代

1976-2009

後楽園ホールのデビュー戦

――デビュー戦（1999年10月10日／vs真壁伸也）の話はいつぐらいに聞かされたんですか？

試合の1か月くらい前ですかね。俺と井上さん、柴田さんの3人が集められて、「10月10日にデビューさせる」って言われて。それを聞いてからは一層気合いが入りましたよ。朝の合同練習と夜の個人練習以外に、ネコさん（ブラック・キャット）に俺とKENSOさんだけ連れられて、溝の口のジムに行ってたんですよ。だから三部練やってましたね。

――相手が真壁選手というのも、そのときに知らされたんですか？

そうです、「棚橋は真壁。井上と柴田、おまえらは直接シングル」って感じで。それからは毎日ドキドキっていうか、不思議な感覚でしたね。だって、デビュー戦の相手が同じ部屋で生活してるんですよ？　でも、真壁さんはとくに気にしてる様子もないし。いま思えば、高校の部活で個人戦のトーナメントに出場して、同じ学校同士が当たっちゃったみたいな感覚かなって理解できるんですけど、その頃は一方的に意識してましたね。クーラーの向きを真壁さんに当たるように向けたり、エロ本をこっそり隠して動揺を誘ったり（笑）。

――あの手この手で（笑）。デビュー戦の舞台が後楽園ホールというのも印象深いのでは？

はい。当時、まわりの先輩から「後楽園ホールでデビューできるのはすごいことなんだ」って

1999年10月10日、後楽園ホールでのデビュー戦。いまでも相手が真壁さんでよかったと感謝しています。

言われたのを覚えてますね。通常、新人のデビュー戦っていうのは地方会場っていうパターンが多かったので、うれしかったです。翌日に行なわれた東京ドーム大会のタイトルマッチの調印式とか前夜祭的なイベントで、試合自体は俺らのデビュー戦だけでした。2試合だけなのに後楽園を使えてしまう当時の新日本にもビビりますけど（笑）。

——デビュー戦を振り返っていかがですか？

いやあ、ガラにもなくド緊張しました！　若いぶん、元気もスタミナもあったはずなんですけど、開始2、3分で息が上がっちゃって。6分くらいで負けたんですけど、後半は身体が動かなかったですね。〝プロレスの聖地〟でプロの洗礼を浴びましたよ。

——でも、当時から肉体美は新人離れしてましたよね。

俺、入場したらみんな驚くんじゃないかって自信があったんですよ。前日から道場の鏡でチェックして、「ヤベー、こんな新人いねえ」とか「これは明日、日本マット界に衝撃が走るぞ」とか思ってたら、それほど走らなかったです（笑）。でも、昔から俺を応援してくれている人は、いまだにデビュー戦のことを言ってくれますね。「すごい身体の新人が出てきたと思ったよ」って。

——棚橋選手は若手時代、会社絡みのイベントなどがあると、すぐに脱いでいたイメージがありますが、あれは先輩から「脱げ！」みたいなフリがあったんですか？

いやいや、自分からすすんで脱いでました（笑）。当時は身体をアピールするくらいしか能がなかったんで。というか、盛り上げ担当を任されてるのは、バリバリの体育会系で過ごしてきたKENSOさんのほうでしたね。俺はネコを被ってたので、割と練習熱心な優等生キャラというか。

当時の俺はホントにデカくて、デビュー時で102キロ、その2年後には110キロまでいったんですよ。ジムにトレッドミルっていうランニングマシーンがあるんですけど、俺が走ると肩がその器具の幅よりも飛び出してたっていう都市伝説が残ってますから(笑)。ちょっと大袈裟ですけど、そのくらい肩幅がデカかったっていう。

――筋肉が大きいと動きやすさはどうなんですか?

重かったので、ヒザへの負担はあったと思います。後年、体重も絞りましたし。当時から身体は柔らかかったですけどね。

「今日から俺はプロレスラーだ!」

――デビュー戦はご家族も応援に?

来てくれました。応援団が岐阜から20人くらい。大学の同級生とかもわざわざ足を運んでくれて。しかも大学4年の直前まで付き合ってた少林寺拳法部のKちゃんも(笑)。俺、その彼女の影響でしばらく少林寺拳法の道場に通ってましたから。道場がウチの近所だったこともあって、大学4年のときから1年間くらいかな。余談ですけど、入門時に少林寺拳法のテキストを渡されて、たしか5000円とか1万とかしたんですよ。結局、まだ払ってないっていう（苦笑）。

――デビュー戦のあと、ご両親と言葉は交わされました？

最後、両親が帰る前に一緒に写真は撮りましたね。「おめでとう」とか言ってもらえたんじゃないかな、やたらうれしかった記憶はあります。試合こそ負けましたけど、「今日から俺はプロレスラーだ！」っていう感じで。デビュー戦後は、バックステージで先輩方に挨拶して回りました。それは昔からの伝統というか、レスラーだけじゃなく、スタッフの人たちにも「おかげさまでデビューすることができました、これからがんばります」って回るんですよ。

――感謝と決意の儀式みたいなものなんですね。その後、デビュー3戦目で勝利をされます。

よく覚えてますよ、福岡国際センターの第1試合で井上さんに勝って。そのときは入場から気合いが入っていて、試合後も「ウォーッ‼」って雄叫び上げて帰ってきたら、長州さんに「おまえ、うるさい！」って叱られて（苦笑）。「感情はさらけ出せ。でも、さらけ出しすぎるな」ってことでしょうね。そのサジ加減が難しいですけど（笑）。

――棚橋選手がデビューして間もない2000年の1月、藤田選手が新日本を退団されます。これは真壁選手にお聞きしたんですけど、真壁選手と藤田選手が寮で「また、いつか会おう」と誓い合っていたら、それを陰から見ていた棚橋選手が感極まって泣いていたっていうのはホントで

1999年10月19日、デビュー3戦目で井上さんからプロ初勝利。この頃のバネのあるドロップキックをもう一度やりたい。

すか？

ああ、「バカヤロー、泣くのは俺だろ！　なんでオメーがウルってきてるんだ」って、真壁さんに怒られた気はします（苦笑）。藤田さんは豪快でしたねえ。練習もプライベートもすごかったというか（笑）。新日本の道場に超デカい「ラットマシン」（広背筋を鍛える器具）があるんですけど、いちばん重い負荷でこなせるのは藤田さんしかいなかったですから。それぐらい引く力が強くて。あと、ちゃんこで豚肉を赤いまま食べる人ははじめて見ましたね（笑）。レントゲンで頭蓋骨を写したら、普通の人よりも厚かったっていうのも聞いたことありましたし……とにかくすごい人でしたよ。

――そんな藤田選手から棚橋選手はタイツをもらったとか？

はい、もらいました！　白と黒のハーフパンツを。藤田さんにはかわいがっていただいてたので。藤田さんも情報通で、ある日の合同練習が終わったあと、俺のところに来て、「棚橋、おまえ学プロ出身だろ？」って言われて、「なんで知ってるんですか!?」っていうやりとりをしたこともありましたね（笑）。

――この翌00年の4月から5月にかけて、4年ぶりにヤングライオン杯が開催され、棚橋選手も出場されています（2勝3敗で4位）。

それだけ若手の層も充実してたと。出場メンバーの中ではとくにＫＥＮＳＯさんには負けたく

2000年4月15日、ヤングライオン杯で、のちにタッグ「KING OF THE HILLS」を組む健三さんと対戦。健三さんと切磋琢磨できたのはよき思い出。

ないなって思ってましたね。ＫＥＮＳＯさんは東京ドームでデビューしてましたし、最初から注目度が違いましたから。ただ、これは逆にチャンスだと思ってたんですよね。「注目を集めてるＫＥＮＳＯさんについていけば、自然に俺も引っ張り上げられるな」っていう計算をしていて。ひとつひとつの技の正確性、プロレスの基礎は俺のほうがしっかりしていたので、のちにＫＥＮＳＯさんとタッグを組むようになると、目論見どおり「棚橋のほうがいいんじゃないの？」っていう空気になってきたのを覚えています。

はじめての棚橋コール

——ヤングライオン時代はメンツも揃っていましたし、リング上の戦いも刺激的だったのでは？

そうですね。柴田さんに井上さん、ＫＥＮＳＯさんと、それぞれタイプが違ったのでおもしろかったです。毎日、真壁さんを相手に俺らがローテーションで試合をしていた感じで、だいたいみんな同じくらいの間隔でオフが入って。でも、試合が組まれなかったら悔しいですし、試合は毎日でもしたかったですね。第1試合で最初に登場することがとにかく快感だったんですよ。その日の大会でいちばんはじめにお客さんの目に自分の姿が映るわけじゃないですか？　それに「新日本では第1試合でもこういう身体の新人がいるんだよ」っていうのを見せることで、新日本全体の底上げになると思ったので。

――ヤングライオンながらそこまでの意識を持っていたと。

若手の頃の俺は「ヤングライオンらしくしてないといけないな」と思って、ヤングライオンのフリしてましたから（笑）。なので、第1試合で盛り上げて、「でも、このあとはもっとすごいスター選手が出てくるんだぜ！　どうだスゲーだろ？」っていう思いで試合をやってました。新日本の第1試合の重要性というのはよく理解してたつもりです。全体を冷静に見渡せてたんですよね、若手ながらも。

――棚橋選手はこの頃の試合で印象に残ったものとして、99年11月27日の神奈川・藤沢市秋葉台文化体育館での柴田戦を挙げていますね（7分08秒、逆エビ固めで柴田が勝利）。

あの試合は厳しかった保永昇男さん（元レスラー、当時レフェリー）に「棚橋、今日は75点」と評価していただいて。普段は0点とか10点とか言われてたんですけどね（苦笑）。ふたりの一生懸命な戦いがお客さんに響いたのか、会場の盛り上がりがとにかくすごかったんですよ。第1試合と言えば拍手がパラパラ起きるくらいだったんですけど、あのときは試合中に棚橋コールや柴田コールが巻き起こって。たぶん、キャリアではじめてコールをもらったのがあの試合かもしれないですね。そういう意味でも胸に焼き付いているというか。

――この試合後、「俺はこの選手と毎日やったらドンドン変わっていけるな」と思ったそうですね。

うん、希望に満ちてましたね。はじめて棚橋コールをもらうような試合を柴田さんとできて、味わったことのない興奮状態になったというか。柴田さんはホント負けん気の強い選手だったんですよ。グラウンドでも絶対にバックを取らせないとか、お互いが意地の張り合いになって。入門は柴田さんが1年早いんですけど、年齢は俺が3つ上なんで、どっちも「負けてたまるか！」っていう気持ちが強かったんでしょうね。年齢に関係なく、この世界は先に入門したほうが先輩なんで、リングを下りれば「棚橋くん」、「柴田さん」って呼び合ってましたけど。

――若手時代は先輩方からいろいろなアドバイスがあるわけですか？

いやもう、毎日のように怒られてました、長州さんをはじめ。松山で井上さんとやった試合後、長州さんにふたりとも呼び出されたんですよ。「ジジイみたいな試合してるんじゃねえ！　若いんだから元気出してけ、コラ！」って、ウンと叱られて。当時、長州さんは一度目の引退をされて、現場監督として若手の試合に目を光らせてましたから。

――では、逆に棚橋選手が自分から先輩にアドバイスをもらいにいったり、「試合を観てください」とお願いしたりしたことは？

あんまりしてなかったですね。俺はヤングライオンのフリをしていた若手だったので（笑）。「棚橋弘至のプロレスはこうだ！」っていう、エゴイスティックな部分があったかもしれないです。もちろん先輩からいただくアドバイスは聞いてましたけど、「はい、わかりました！」と言いつつ、耳を右から左に流れてたような気がします（笑）。根っこが頑固でしたね、自分がやりたいプロレスというものがあって。ヤングライオンの頃から腹の中は生意気でした。

――若手の伝統的なコスチュームである黒いタイツと黒いシューズにこだわりは？

いや、そこはとくにはなかったです。そもそも俺、黒タイツを履いてたのは半年だけですから。デビュー1年足らずで試合中に左手を骨折して（00年9月9日／棚橋&井上vs健三&柴田）、7か月後に復帰したときはシレッと赤パンになって。そこは心機一転というのもありましたし。

――若手時代の長期欠場はあせったのでは？

そうですね。あのときは中手骨っていう骨を折っちゃったんですよ。ずっとプレートが入ってるんですけど、本来であれば2か月程度で治るものなのに、あせってちょっと激しい練習したら、またボキっといってしまって……。この二次骨折っていうのはすごく厄介で、治りかけが折れると骨面の再生能力が減って、なかなかくっつかないんですよね。結局は復帰まで半年もかかってしまって。

――そのあいだは道場に？

はい、ずっと残り番をして。当時、道場の管理人兼料理人だった太さんとふたりきりの生活が多かったんですけど、気分的にいろいろ救われましたね。よく、「おいタナ、パチンコ行くぞ！」って連れていってもらって。なんやかんやで、そういうケガをしてる選手もたくさん見ている管理人さんだったので、こっちの気持ちもわかったんでしょうね。手が完治するまでは足の練習ばっかりしていたので、いまよりも太モモがパンパンでしたよ。「ピンチはチャンス」じゃないですけど、せっかく休むんだから何か変わらないとって。普通ならヤングライオンは2年くらい海外修行に行ってから黒パンツを脱ぐパターンが多いですけど、俺はどこにも行かずに勝手に脱いで(笑)。赤を選んだのは、単純に当時は使ってる人がいなかったんですよね。で、最初はハーフタイツ、次にショートタイツに変えました。

同郷の英雄・橋本真也

――棚橋選手が欠場に入るのと同時期、橋本さんが新日本の上層部との衝突から解雇となり、2001年3月にプロレスリングZERO－ONEを旗揚げします。じつは当時、橋本さんに声を掛けられていたとか?

はい、誘いはありました。そもそもZERO－ONEは最初、『新日本プロレスリングZERO』っていう名前で、衛生団体だったんですよね。でも、「橋本さん、独立するんじゃないか?」っていうキナ臭い話が出てきたとき、ご本人から「タナ、ウチも道場ができたから練習に来んか?」って誘われたんですよ。そうしたら、ネコさんに「アナタ、行っちゃダメよ」って言われて、たしかに「これ、行ったらまずいな」と思って留まりました。橋本さんは豪快な方なので、練習に参加していたら、そのまま勢いで所属選手として発表されていてもおかしくなかったということか。

――棚橋選手にとって橋本さんは、同郷の大先輩ですよね。

それもあって、個人的にはすごくかわいがってもらったんですよ。橋本さんは東京に出てきて何十年も経つのに、誰と話すときでもずっと岐阜弁なんですよね。「タナ、元気か？　最近どうや？」とか、それが俺にはすごくうれしくて。俺も京都の大学に行って、ちょっとエセ関西弁になっちゃったりしてたんですけど、上京しても岐阜弁を使い続ける橋本さんを見て、「方言って、その土地の誇りなんだな」と思って。それからは俺も標準語を使いつつ、なるべく岐阜弁でもしゃべるようにしてますね。

――橋本さんは地元では英雄だったんですか？

もう、大英雄でしたよ！　岐阜産業会館でやる大会は、橋本さんの試合だけ別格みたいなかたちで盛り上がってましたから。俺にとっては本当に偉大な先輩です。実際に何度もオゴっていただきましたし。橋本さんはすごく豪快で、若いレスラーやスタッフをゾロゾロ連れて歩くのが好きだったんですよ。自分のサイフをいつも付き人のＫＥＮＳＯさんに持たせていて、「それで払っとけ！」って。そういえば当時、両国大会が終わったあとに、差し入れの栄養ドリンクが20本くらい余ってたんですけど、橋本さんに「おまえら、もったいないから全部飲め！」って言われて、「これ、プロレスラーっぽいなあ」と思いながら、ひとりで5本くらい飲んだこともありましたね。もう、夜は眠れなかったです（笑）。

――橋本さんが退団する際、棚橋選手の先輩にあたる第3世代の大谷晋二郎選手と高岩竜一選手も追随しました。

俺、大谷さんにもかわいがっていただいてたんですよ。よく覚えてるのが、神奈川の大会で大谷さんが長州さんと揉めて、「帰る！」って言ったのを、みんなで必死に止めたことがあって。そのときは『BEST OF THE SUPER Jr.』の開催中だったんですけど、話題の中心が長州さんの復帰戦（vs大仁田厚）に持っていかれていたので、ジュニアに誇りを持っている大谷さんが意見を言って。あのときの大谷さんは悔し涙を流してましたね。

勝手にヤングライオン卒業

――左手の骨折から7か月経った2001年4月19日、正式に復帰されましたが、タイツを黒から赤に変えて周囲の先輩などから何か言われませんでしたか？

俺自身が気づいてなかったかもしれないですけど、とくになかったと思います。90年代前半のヤングライオンは緑や紫とか、色とりどりのコスチュームでしたし。まあ、俺は勝手にヤングライオン卒業の証として、色を変えたわけですけど（笑）。コスチュームの変更とかも、すべからくタイミングなんですよ。しれっとやってしまうというか。あのときは髪も伸ばして茶髪にして、けっこうイメチェンを図ったので若手感はそんなになかったと思います。技も若手らしい地味なものから、見映えのするものを徐々に使うようになって。そのへんの処世術は、我ながらよく身につけたと思いますね。

――当時の棚橋選手の必殺技はハーフハッチ・スープレックスでした。

自分で勝手に見つけてきた気がしますね。誰も使ってない技をつねに探してはいたので。のちに若手時代のＹＯＨがフィニッシュホールドにして、昔だと前田日明さんや初代タイガーマスクも使ってましたよね。フロントネック・チャンスリーに近いんですけど。

――棚橋選手は筋肉質の割にブリッジワークが得意ですよね。当時はマッチョマン＝身体が硬いという風潮がありましたが、棚橋選手は柔軟というか。

やっぱりブリッジの練習は相当やりましたからね、つま先とオデコだけで5分間キープするとか。まあ、俺はボディビルダーをリスペクトしていたので、マッチョだから身体が硬いと思われるのがシャクだったんですよ。「ボディビルダーは見せかけの身体だ」みたいな風潮もありましたけど、そもそも力がないと筋肉なんか付くわけないんですよ。すげー身体に気を遣って、小まめに練習しているからこそ、ああなるのであって。それを見た目とかイメージで否定する人間を見返したかったっていうのはありましたね。だから意地になって身体を作りつつ、実戦向きのトレーニングもしたというか。

——たしかに一昔前は、「適度な脂肪があったほうが、受け身がうまくいく」みたいな声もありましたよね。

そういうものは全部言いわけなんですよ。たぶん、アルティメット・ウォリアーみたいな筋肉マンタイプが、「見た目はいいけど試合はあんまりおもしろくない」とか言われていたのも、マッチョにいいイメージのない要因だったんでしょうね。

——若手時代には難易度の高いスカイツイスタープレスも使用したことがあったとか？

ああ、試合で2、3回くらい使いました、全部よけられてますけど（苦笑）。学生時代に海に行くと、浮島でムーンサルトやスカイツイスターをひたすら練習してたんで、できるようになったんですよ。でも、いまはとてもできないです。ヒザが死んじゃいます（笑）。あと、技っていうのはその選手に合うかどうかっていうのが大事で、「あ、ゴツい俺には似合わないな」と思って使うのをやめたんでしょうね。

「おまえらなんかハリボテだ」

——復帰からほどなくしてKENSOさんと〝ダナケンタッグ〟を結成しますが、これはおふたりで現場監督だった長州さんに直訴して結成したとか？

はい。その前の晩、ＫＥＮＳＯさんと「俺ら、タッグでやらせてもらおう。長州さんに直談判しよう！」っていう話をしてたんです。で、長州さんが練習を終えて、道場の寮のリビングにいらっしゃったときに、若手としては異例だと思うんですけど「長州さん！　俺ら、タッグでやらせてください！」ってお願いしして。そのとき、長州さんから返ってきた言葉が「おまえらなんかハリボテだ」っていう一言で。

——その言葉の意味はわかりましたか？

いや、そのときは全然わからなかったですけど、あとになってわかりました。要は「おまえら、何もできないぞ？」ってことで。実際、何もできてなかった時代でしたし。ただ、現状打破というのもあり、「早い段階でガンガン上がっていこうぜ！」っていうのはふたりで常日頃言っていたので、それにはタッグを組むのが近道だって考えて。若くてヘビーの体格、さらにふたりとも茶髪のロン毛っていうことで、タッグとして見やすかったと思います。あとは注目度の高かったＫＥＮＳＯさんと一緒にいれば自分もステップアップできるという思惑もありましたし。若いのもあり、女性人気も割と高かったと思いますよ。ふたりでサイン会をやらせてもらって、けっこうファンの方に集まってもらいましたし。

――このおふたりのコンビ名である〝キング・オブ・ザ・ヒルズ〟の由来は?

これはKENSOさん考案です。意味合い的には〝お山の大将〟ってことなんですけど、そういうタイトルのアメリカのアニメがあって、それが由来みたいで。まさに当時のふたりを表している言葉というか、自虐的な意味もこめて「お山の大将でもいいじゃん!」っていうことですかね。あんまり定着はしなかったですけど(笑)。タナケンのほうが〝ハセケン〟みたいでキャッチーでしたし。相性はよかったと思いますよ。俺はKENSOさんより受け身がうまかったので、試合の展開的に俺が相手の技を受けて受けて、そこからKENSOさんが盛り返すという役割分担みたいなのができて。未熟ながらもなんとか変えていこうということで、地方でも試合が終わるとどっちかの部屋に行って、「今日の試合どうだった?」って反省会をしてましたね。

――2001年9月8日には全日本プロレスの日本武道館大会で、木戸修さんとのコンビで渕正信&相島勇人組に勝利しています。他団体参戦はこのときがはじめてとなりましたが、やはり緊張しましたか?

いや、そんなこともなかったです。逆に「どうだ、新日本の若手の身体はスゲーだろ?」っていう自信があったし、「全日本のファンを新日本に連れてかえってやる!」っていう気持ちでした。

2001年9月8日、全日本に木戸さんと組んで初参戦。渕選手のバックドロップは強烈でした。[写真提供:週刊プロレス]

――さらにこの翌日9日、棚橋選手は新日本の千葉大会で、アメリカンプロレスの大物であるスコット・ホールに横入り式エビ固めで勝利を収めています。キャリア2年足らずで大金星をゲットしたのは感慨深かったのでは？

いや、「スゲー、十字架背負ったな」って思いましたよ。そもそも、ホールは俺の超好きなレスラーでしたし、WWF（現WWE）のショーン・マイケルズvsレイザー・ラモン（かつてのホールのリングネーム）なんかは、何度も観てますから。ふたりともキャラ的には派手に見えて、やってることはクラシックで見ごたえがあって。

――棚橋選手はアメプロもお好きなんですよね。

80年代後半～90年代前半のアメプロからはけっこう影響受けてるかもしれないですね。アームドラッグはリッキー・スティムボート、フライング・フォーアームはティト・サンタナとか。俺、フライング・エルボーって言わないんですよ。そこはフライング・フォーアームにこだわりがあって。だから一時期、俺のことを「フォーアーム」って呼ぶ人もいましたからね（笑）。

――そして、伸び盛りの棚橋選手がはじめてメインに登場したのが同年10月11日、長野・上田市民体育館で永田裕志選手と中西さんと組んで、天山広吉＆小島聡＆AKIRA組と対戦した一戦になります。このときはメインの重圧みたいなものは感じましたか？

いや、まだメインイベンターというよりは、一介の若手が抜擢されたに過ぎなかったのでとくに感じてなかったです。その頃は何も考えずに伸び伸びとやれていたので、「いまがいちばん自由にできる時期なんだろうな」とは漠然と思ってましたね。もちろん、トップを獲るつもりではいたので、そこに至るまでの階段を上ってるんだろうなという、どこか達観してる部分があったというか……イヤな若手ですね（笑）。

――この年、棚橋選手は『WORLD TAG LEAGUE』の前身にあたる『G1タッグリーグ』に、KENSO選手とのコンビで初参戦を果たしました。健闘及ばず結果は2勝5敗で最下位となりましたが、印象的な公式戦というと？

たしか、福井の体育館でタナケンvsテンコジっていう公式戦があったんですよ。試合は全然ダメだったんですけど、定番タッグチーム同士の試合ということで、すごくワクワク感があったのを覚えてますね。自分たちのチームもテンコジみたくファンに浸透するよう、空回りしながらも必死だったと思います。

――では、逆にシングルで若手時代の印象深い試合は？

無我の興行で、トニー・セントクレアー（ヨーロッパを主戦場にしていた技巧派のイギリス人レスラー）とシングルをやったのはよく覚えてます。あの巧さにはとにかく翻弄されましたね。完全に相手の力をうまく利用して勝つというか、俺がセントクレアーさんのクロスボディを返して押さえ込んだら、その返しざまにコロッと首固めで丸め込まれて負けて。あのときは「ああ、これぞプロレスだな」って思いましたね。あれで俺は首固めの魅力に取りつかれましたから。

——棚橋選手の隠れた必殺技の原点は、英国の実力者との一戦にあったと。

俺の尊敬する藤波さんも、首固めや逆さ押さえ込みで勝つことが多かったですし。丸め込み技というのは「あきらめないで最後に勝つ」ということをもっとも表しているというか、プロレスの醍醐味だと思うんですよ。ただ、俺はそれを元気ハツラツとした若い頃から使っていたので、一時期のブーイングの元凶になっていたとは思うんですけど。たしか2005年の棚橋のフィニッシュホールドの使用頻度で、1位はジャーマンかなと思ったら、首固めだったんですよ（笑）。ちょっと細かいテクニックに走りがちな頃もありましたね。

——そして、この年の12月23日、後楽園ホールでの若手主体興行『夢☆勝ちます』の中西戦で、シングルでも初メインを飾りました。

正直、試合内容はよくは覚えてないんですけど、上昇志向はすごかったので、なんとかしてメインに出たいなっていうのは思ってたんですよね。で、誰とやればメインに出れるかと考えて、「俺は中西とやる！」という感じでアピールをして。まあ、試合はウンともスンとも盛り上がらなかったですし、まだメインイベンターの器じゃなかったというか、「やっぱり、プロレスは甘いもんじゃないな」って痛感しました。

2001年12月23日、後楽園ホールで中西さんを相手に初メインを飾る。試合はまったく盛り上がらず、大反省。

HIROSHI TANAHASHI
HIGH LIFE

第4章 U-30は俺の青春

1976-2009

「俺と一緒に全日本に来いよ」

――新日本プロレスのレスラーは若手時代に海外修行に行き、その後、凱旋を果たして自分のステータスをランクアップさせるケースが多いですが、棚橋選手はその機会がありませんでした。同期の井上さんと柴田選手はメキシコ、直近の先輩だった真壁選手もプエルトリコに行きましたが、どのように受け止めていますか？

いま思えば俺も海外修行はしたかったですけど、あまりに上昇志向が強く、計算高かった反動からなのか、そのチャンスが回ってこなかった気がします（苦笑）。ただ、俺は海外でやらないといけないことを、日本でも経験できたっていう実感はありますね。たとえば、日本人が海外に行けばおのずとヒールになってブーイングをもらいつつ、どう試合を組み立てていくか学ぶものだと思うんですけど、俺はベビーフェイスの立場でありながら、ブーイングをもらってた時期があったので、自然にそういうのが身についたというか。あと、海外遠征のひとつの目的として肉体改造があるんでしょうけど、俺はその必要がないくらいに日本で仕上げてたので。誰かが「海外修行を経験せずにトップに立ったのは小橋建太と棚橋弘至くらい」って言ってましたけど、それは俺のひとつの誇りですね。

――海外遠征に行くというお話自体、一度もなかったんですか？

なかったです、ひとつも。おそらく、すでに〝タナケン〟でビジネスにはなっていたので、会社的にも行かせなくていいっていう判断だったと思いますね。

――タナケンコンビが活きのよさを発揮していた2002年1月、武藤選手が新日本を退団し、全日本プロレスに電撃移籍します。棚橋選手にも誘いの声がかかったそうですが、この時期も武藤さんの付き人を？

はい、してました。あのときは武藤さんに「おいタナ、メシ食いに行こうぜ！」って、いつものように誘われたんです。こっちは「よし、今日も銀座に行ける！」みたいな感じでラッキーと思って。でも、なぜか割と道場から近いデニーズに行ったんですよ。そこでふたりでコーヒーをすすっていたら、武藤さんから全日本に行くことを聞かされて、さらに「タナ、おまえ、俺と一緒に来いよ」って誘われて。その瞬間、衝撃で思わずコーヒーを噴き出しましたね（笑）。

――武藤選手が新日本を退団したひとつの背景として、アントニオ猪木さんが押し進めた格闘技路線への反発もあったと言われています。

武藤さんにしてみれば、当時の新日本に愛想をつかした部分もあったでしょうし、新天地で心機一転、活動することに魅力を感じたってことでしょうね。でも、俺は即座には答えられなかったです。ぶっちゃけ、生々しい話も出ましたよ。武藤さんに「おまえ、いくらもらってるんだ？」って聞かれたので、「○△×円です」って答えたら、「じゃあ、それは最低限、保証してやるよ」

と。でも、自分にとっては金じゃなかったというか。当時はまだまだ若手で、新日本で何も残してなかったですし。ただ、ファン時代から自分のアイドルだった武藤さんに、「おまえがほしい」って直接言われるのは光栄なことでしたし、無下に断るのもアレなので「少し考えさせてください」と返して、そのまま正月休みに突入しました。

——武藤選手は棚橋選手以外の若手には声をかけてなかったんですかね？

かけてなかったみたいです。俺が全日本に行くと思ってる人はいたかもしれないですね、付き人でしたし。結局、選手で武藤さんについていったのは小島さんとケンドー・カシン選手でしたけど、誰が全日本に移籍するのか一切知りませんでした。何も情報はなかったです。

——当時、新日本内部は足並みが揃っていなかったと言われていますが、棚橋選手はその現状をどう受け止めていましたか？

べつに不安とか不満とかはなかったですよ。根本的に「俺がいちばん正しい」と思ってたし、戦う舞台は新日本以外に考えられなかったので。やっぱり自分が好きで入った団体でまだ何も残していない、そこに尽きますよね。だから、「じつは武藤さんから誘われてて……」とか周囲に相談する必要もなく、すぐに自分の中で答えは出てました。ただ、武藤さんにその場では言えなかったただけで。

——結果的に、武藤選手にはどういうかたちでお断りを？

実家の岐阜に帰ってたんですけど、武藤さんから「おいタナ、どうすんだよ?」って連絡があったんです。それで「ヤベー、忘れてた……」と思いつつ、「すみません、俺は新日本に残ります」ってお伝えしたら、「おお、そうか。タナ、悩ませて悪かったな」と言ってくださって。そういうケアができるのも、武藤さんがスターたるゆえんなんだなと思いましたね。

猪木問答

——2002年2月1日の北海道立総合体育センター大会で起こった、いわゆる〝猪木問答〟について伺います。その直前、1月の武藤一派の離脱を受けて、新日本のオーナーであるアントニオ猪木さんは現場を引き締める意味合いもあったのか、リング上で蝶野選手を現場監督に任命します。そして、リングに上がった永田選手、中西さん、KENSO選手、そして棚橋選手に対して、ひとりずつ「オメーは怒ってるか!?」と投げかけていきました。そのとき、棚橋選手は「俺は新日本のリングでプロレスをやります!」と、猪木さんをにらみつけながら力強く宣言されて。

猪木さんの質問にまったく答えてないっていう(笑)。結局、あとになってその言葉に整合性が出てくるんですけど、そのときはそこまで考えてなかったです。ただただ単純に、猪木さんに「クソ、ゴチャゴチャにしやがって!」とムカついてました。だから、「誰に怒ってるんだ?」「あな

2002年2月1日、北海道での“猪木問答”。一緒に「ダー!」をしなかったことで、いまでもなにかと切り取られる。[写真提供:週刊プロレス]

たに怒ってます」っていうことなんですけど、そこまでストレートには言えないので、ああいう言葉になって。

——あの頃の猪木さんは総合格闘技イベント「PRIDE」のエグゼクティブプロデューサーも務めていて、新日本に対しては現場を批判するようなコメントが多かったですね。

それも猪木さん流の新日本の盛り上げ方だったんでしょうけど、当時はそれが明らかにマイナスに作用していたので。決して気持ちのいいものではなかったですよね。会社でいちばん偉い人が自ら、「ウチの商品はまずいから買うな」って言ってるようなものですから。でも、当時の猪木さんは絶対だったので。

——あの猪木問答は中西さんが「全日に行った武藤です!」と答えたら、猪木さんは「オメーはそれでいいや」と投げやりに答えたり、KENSO選手が「僕は自分の明るい未来が見えません!」と訴えたら、「テメーで見つけろ!」と斬って捨てたりと、かなり混沌とした状況で。

最終的に猪木さんも「俺に言うな!」って投げ出すっていう(笑)。俺も「誰に怒ってるんだ?」って聞かれたときに、パッとは言葉が思い浮かばなかったんですよ。でも、「これは質問に答えたら負けだな。そうじゃなく、自分の意見を言ったほうがいいな」と思って、あの言葉が出てきました。いま思うと札幌の猪木問答はひとつの分岐点になりましたね。あのとき、最後に選手ひとりひとりが闘魂ビンタされたんですけど、俺は猪木さんのこと、にらみ返しましたから。

――さらに棚橋選手はひとりだけ、「1、2、3、ダー！」もやらなかったんですよね。あの頃の棚橋選手と猪木さんの接点というのは？

とくにはないですよ。もちろん、お会いすれば挨拶はしますけど。当時、猪木さんは道場にも来てなかったですからね。なんでかはわからないですけど、ご本人も「俺、道場行くのイヤなんだよ」と言っていて。

――棚橋選手は猪木さんと一定の距離があったからこそ、傾倒しなかったというのはあるのでは？

どうなんでしょうね……。もともと、プロレスファン時代は好きだったんですよ。俺は猪木vsベイダー（1996年1・4東京ドーム）を生で観て大興奮して「猪木スゲー！」と言っていた人間ですから。まあでも、この世界に入ってしまえば、そういうファン意識みたいなものは消えますし。

――では、猪木さんの代名詞だった〝ストロングスタイル〟という言葉に対してはどのような認識を？

何がストロングスタイルなのかわからなかったです。いまと同じで「べつにただの言葉でしょ」っていう感じで、新日本の一種のイメージ戦略というか。俺、2012年の年末、「週刊プレイボーイ」で猪木さんと対談したときにご本人に「ストロングスタイルってなんでしょう？」って質問したんですよ。そうしたら猪木さん、「あんなの、まわりが勝手に言いだしただけだ」って（苦笑）。本人が投げちゃってるんですよね。まあ、猪木さんが作った言葉ならば、のちに新日本を出て行くときに持っていってくれればよかったんですけど。そうすれば、俺らはその呪縛から解き放たれたかもしれないですし。

――どうしても新日本＝ストロングスタイルというイメージは色濃く残ってましたよね。そういえば、道場から猪木さん関連のものをすべて撤去したのは棚橋選手というお話を聞いたんですが？

という話になってますよね。実際は管理人の小林（邦昭）さんなんですけど、「もうそろそろ、いいんじゃないですか？」と言ったのは、たしかに俺です。

SWING－LOWS

――混乱期の新日本のまとめ役として、猪木さんから現場監督に任命された蝶野選手を、棚橋選手はどうご覧になってましたか？

あのたいへんな時期の新日本をまとめようと、端から見ていてもメチャクチャ努力されてましたよ。自己犠牲がすごかったと思います。いまでもよく覚えてるのが、首に大きなダメージを抱えながらも東京ドーム（２００３年５月２日）にお客さんを集めるために、小橋さんとシングルをやって、投げっぱなしハーフネルソン・スープレックス６連発を受けきって。そういう蝶野さんの姿を俺もしっかりと見てましたから。

――蝶野選手とじっくりと話したことは？

いや、そこまでは。というのは、蝶野さんはｎＷｏやＴＥＡＭ２０００、ＢＬＡＣＫ ＮＥＷ ＪＡＰＡＮとか、つねに反体制側にいたので接点がなくて。ただ、俺のヤングライオン時代、はじめてついていった巡業で本隊のバスと蝶野さんが乗った外国人バスが、たまたまサービスエリアで一緒になったことがあったんですよ。で、蝶野さんに「道場生の棚橋です。よろしくお願いします！」って挨拶をしたら、「やっと新日本にもスター性のある男前が入ってきたな」って言われて、うれしかったのは覚えてます。あのときは「さすが、わかってらっしゃる！」と思いました（笑）。あと、蝶野さんはレスラーのなかでは断トツでオシャレでしたね。ちょっと前のレスラーの服装といえば、バギーパンツを履いて腰にウエストポーチみたいなイメージでしたけど、蝶野さんは黒いスリムなパンツに、タイトなシャツを着こなしてっていう感じだったので、「こうじゃないといけないな」って思いましたよ。世間の持っているレスラー像を変える、いいお手本だったというか。

――この時期、棚橋選手が若手脱却を印象づけた試合のひとつとして、02年5月2日の東京ドーム大会のセミ前、健介さんとのタッグでスタイナー・ブラザーズと対戦した一戦が印象的です。

たしかに東京ドームの大舞台でその位置でやるのははじめてでしたね。いやあ、あの試合はた

2002年5月2日、東京ドームで佐々木健介さんと組み、スタイナー・ブラザーズと対戦。
負けじと合体攻撃を繰り出すも、投げられすぎて試合後はボロ雑巾。

いへんでしたよ！　その2週間前の試合中に左ヒザの前十字靭帯が切れて、全治2か月だったのを無理矢理治療して間に合わせて。結果的にボッコボコにやられましたけどね。お兄ちゃん（リック・スタイナー）がジャーマンを連発しまくって、これは命が危ないと思って、投げられるときに頭を抱えてましたから。試合順のプレッシャーとかよりは、自分の身体が心配でした。

——そして、このドームと同じ月には長州さんが痛烈な猪木さん批判を繰り広げ、退団を表明します。あの流れはどう見ていましたか？

ああ、WJプロレスにつながる流れですね。う〜ん、退団に慣れたわけじゃないですけど、とくになんとも思ってなかったですかね。高校の部活で3年生が夏の最後の試合を終えて、2年生の時代が来るみたいなのってあるじゃないですか？　ああいう感じに似てましたよ、当時の新日本っていうのは。「よし、次は俺にチャンスがくる」みたいな。

——一昔前の新日本といえば、リング外の政治的な部分も話題になりましたが、棚橋選手は〝我関せず〟のイメージというか。

俺、そういう派閥だとかは若手の頃からまったく興味ないので。べつに自分の派閥を作ろうとかも思わないですし。結局、レスラーは個人商売じゃないですか？　小学校のクラスの仲良し同士とかじゃないので。俺は本隊のエースでありながら「ひとり野党」みたいなもんです（笑）。

——たしかにあまりユニットに所属する印象のない棚橋選手ですが、02年の6月に健介さん、K

2002年6月20日、健介さん、健三さん、ブルー・ウルフさんとともに新ユニット結成。のちにユニット名はSWING-LOWSに。いま思うと、若気の至り。

ENSO選手、ブルー・ウルフさんとSWING－LOWSというチームを結成します。

これはたいへん、いわくつきのチームですよ（笑）。結成の経緯は、健介さんが音頭を取ったかたちですけど、もともと俺とKENSOさんとブルー・ウルフさんは仲がよかったので、ぶっちゃけ「え、そんなのやるの？」っていう部分はありましたね。これは書いちゃっていいですけど、のちに健介さんが新日本を辞めていくときに、一緒に引っ張っていく人間を囲っておきたかったっていう話で。

——健介さんはこの年の10月に新日本を退団し、長州さんが03年3月に旗揚げするWJプロレスに合流しますが、SWING－LOWS自体がWJを補強するための候補だったと？

そういうことですね。結成から4か月くらいで頓挫したユニットですけど、俺としては最初から気持ちは乗ってなかったです。やっぱり棚橋はユニットには縁がないですね（苦笑）。

ドラゴンの教え

——この年の8月、棚橋選手は『G1 CLIMAX』に初出場されますが、その開幕前に藤波さんに師事し、ドラゴン殺法を伝授されています。

あれは光栄なことでしたね。プロレスに関して、藤波さんにはリスペクトの念が消えることはないですから。何よりひとつひとつの技が正確で美しい。俺は藤波辰爾と長州力のロックアップを超えるロックアップを、いまだ見たことがないですから。

――〝名勝負数え唄〟と言われたふたりの対決は、ロックアップひとつ取っても、それほどすごいものだと。

藤波さんはロックアップにしろヘッドロックにしろ、ひとつひとつが絵になりますから。ロープワークもオカダ・カズチカとか内藤哲也に比べればそれほど早い動きではないんですけど、あの体格でヘビー級としてトップを張ってきたというのは、いまの俺にとってお手本になりますね。

――そういえば棚橋選手のドロップキックは踏み切りが正面飛びですが、あれも藤波さんの影響ですか？

ああ、言われてみるとそうですね。無意識に学んだ部分も多いと思いますよ。藤波さんにはよく食事に連れていってもらいましたし、優しくしていただきましたね。その優しさゆえなのか、社長時代に優柔不断と言われることもありましたけど、当時の新日本はそうならざるをえない時流だったとも思いますし。というか、藤波さんは猪木さんが好きすぎるんですよ。あれだけ「猪木さん！　猪木さん！」と言っていて、猪木さんからは優しい言葉をかけられていないっていう（苦笑）。俺はあれを〝永遠の片思い〟って呼んでますけど。

――それは言い得て妙ですね（笑）。『Ｇ１』に話を戻すと、棚橋選手はキャリア約３年での初出場ということで、真壁選手をはじめとする先輩たちを追い抜くかたちだったわけですが、周囲からのジェラシーは感じましたか？

そういうのもあったとは思うんですけど、俺は他人の視線や人間関係に関して無頓着なので（笑）。これはたぶん、昔からなんですよ。俺、小中高と誰かと争うってことがなくて。だからなのか、つねに「俺のこと嫌いな人いないでしょ？」っていうスタンスだったんで、はじめてチャラ男キャラ全開になってブーイングをもらったときに、「あ、俺のこと嫌いな人いるんだ」って気づいたくらいで（笑）。

――はじめて自覚したと（苦笑）。このときの『G1』では棚橋選手は8・3大阪で越中詩郎選手、8・4大阪で健介さんから勝利を収めますが、その後は8・5高松で高山善廣選手、8・7福岡で天山選手、8・8広島で吉江選手に敗退。結果的には2勝3敗でAブロック4位でしたが、開幕2連戦の番狂わせで注目を集めました。

あのシリーズの火をつけたと思います。越中さんと健介さんに両方とも首固めで勝って、とくに2戦目は会場が爆発的に盛り上がったのを覚えてます。レスラーとしてお客さんの期待度は上げられたかなと思いました。やっぱり、『G1』は特別なシリーズというか、あの大会テーマ曲を聴くと背筋がちゃんとしますね。あとは吉江さんと当たったときに、客席の男性ファンから「棚橋、俺はおまえを観にきたぞ！」っていう声援があって、すげえうれしかったのを覚えてます。

2002年8月5日、高松での『G1』で髙山選手と初シングル。強かったなぁ。無敵感が半端なかった。

――女性からのアイドル的人気が高かった棚橋選手だけに、男性ファンからというのが価値ありますよね。

そうなんですよ。まだあんまり嫌われてなかったんでしょうね（苦笑）。

「死刑台に上るような審判の日だった」

――棚橋選手は2002年11月に起こった事件から試合を欠場し、2003年の1・4東京ドームでの復帰を目指します。

いま思えば復帰の舞台として東京ドームに上がろうとするのもムシがいい話ですし、結局は出場できず、蝶野さんと中西さんのセコンドにつきました。

――当日はセコンドについたあと、「今日は死刑台に上るような審判の日だった」と発言されています。

人前に出るのがすごく怖かったっていうことでしょうね。ファンの方も反応に困っているというか、無関心だったんじゃないかとは思います。でも、もし試合ができていたとしても、とても満足いくものは見せられなかったでしょうね。片方の肺が潰れていたので、出場できるかどうか、テストとして蝶野さんとスパーをやったときも1、2分で息切れしてましたから。「出場させてく

2003年1月4日、東京ドームで蝶野＆中西組のセコンドにつきリング復帰。無我夢中というか五里霧中。

ださい」って強がってましたけど、実際は「これは無理だな」と思ってました。

――正式復帰の舞台となったのは2月16日の両国大会、第1試合で中西さんと対戦しました。

あのときはなんだか、いままでにないお客さんのリアクションというか、珍しいものを観たようなどよめきがあったのを覚えてます。かなり緊張しましたけど、そのときに、あらゆる気持ちを振り切らないといけないという経験をしたことが、いまに活きてるのかなとは思います。どんな状況でも臆せず、人前に飛び出していけるという。

――中西さんを相手に、一種の〝みそぎ〟の意味合いもあったというか。

イヤな役回りを受けていただいた中西さんにはホント感謝してます、こっちのことを受け止めてくれて。ただ、身体は思うように動かなくて、ドロップキックも高く飛べないし息も上がっちゃうし、いままでいちばん思うようにいかなかった試合ですね。

――試合後、棚橋選手は「うれしいとかそういう気持ちはない。また戻ってきてしまったなと」というコメントを残しています。

もちろん戻りたいっていう気持ちはあったんでしょうけど、それを喜びとして表現できなくて、そういう言葉になったんだと思います。とにかく第一歩として「またリングに戻ることができた」という感謝でいっぱいでした。

U‐30は俺の青春

――この復帰戦からほどなくして、棚橋選手はU‐30無差別級王座の創設を提唱しますが、あらためて真意を聞かせてくれますか？

サッカーでU‐20とかU‐17とか、年齢分けで開催される大会が世間的にも話題になりはじめてたんですよね。〝アンダー○△〟という言葉がキャッチーなものになってきて。それと猪木さんの全盛期は新日本旗揚げ前の20代だったっていう声を聞いたりしていたので、「30歳以下でプロレス界を盛り上げていこうぜ！」ということで、U‐30を作る運びになって。あの事件後に自分が浮上するため、会社がくれたチャンスだったと思います。救済措置というか、「これでなんとかしてみろ」というところで。

――そして、結果的に初代王者を決めるリーグ戦を勝ち抜いた棚橋選手は、4月23日の広島サンプラザホール大会での決勝戦で真壁選手をドラゴン・スープレックスで下し、見事にU‐30王座を戴冠します。

あの試合も印象深いですよ。俺、いまは筋肉でカバーしてるんですけど、若手の頃から左肩に脱臼グセがあって。そのときも決勝前日に外れてしまい、とにかく必死に戦ったのを覚えてます。

――棚橋選手は提唱者として優勝こそ果たしたものの、この試合後には「U‐30で目立った選手は真壁、「吉江」という発言をされています。まだ、もがいている部分が垣間見られるというか。

シングルのベルト初戴冠ということで、王者としての立ち振る舞いとかもわからなかったんですよね。たとえば、いまでこそタイトルマッチが決まれば、それに向けて自分でシチュエーションを盛り上げたりもできるんですけど、当時はそういうことを教えてくれる先輩もいなかったし、自分でなんとかするしかなかったんですけど、何より俺自身にいろんな引き出しがないという。

――20代の棚橋弘至にとって、あのベルトには特別な思いがあったんじゃないですか？

そうですね。当時は総合格闘技の選手が新日本に上がって、格闘技的な匂いのする試合がけっこうあったんですけど、その中でＵ－30王者として、自分が求める理想のプロレスをしようと心掛けてました。新日本がそっちに流れるなら、俺はＵ－30のベルトと共に真逆というか、クラシックな試合、オールドスクールな戦いをやっていこうと思って。ただ、自分の理想に見合うような実力がまだ伴っていなかったので、いま思えば試合自体が盛り上がっていたかどうかは疑問ですけど。

――でも、まさに20代の棚橋選手の代名詞だったというか。

Ｕ－30は初戴冠時にＶ11まで防衛してますからね。アメリカン・ドラゴン（元ＷＷＥ王者のダニエル・ブライアン）とか、（プロレスリング・）ノアの丸藤正道選手とかいろいろな相手とやった経験が、着実にその後に活きて。Ｕ－30のベルトを巻いているあいだ、自分の姿勢は何もブレ

2003年4月23日、広島でのU-30無差別級王座決勝戦に勝利し初代王者に。真壁さんとの試合にはどれも思い入れがあります。

なかったですし。だから、いまNEVER無差別級王座とかにこだわりを持つ選手の気持ちがすごくわかるんですよね。決してIWGPヘビーまでの通過点だけではないという。

――棚橋選手はU－30のベルトの防衛戦で、中邑真輔選手を相手にはじめて1・4東京ドームのメインに立つことができたり、その試合で勝利を収めた中邑選手にベルトを封印されたりと、悲喜こもごもでしたよね。

その後、また自分でベルトを復活させたりもしましたし。ありきたりな表現ですけど、U－30は俺の青春ですよ。

――「U－30のチャンピオンの5カ条」というのも掲げていたんですけど、覚えてますか？

ああ、なんとなく覚えてますね……なんでしたっけ？（笑）。たしか5カ条と言っておいて、ひとつしか発表しなかったのを覚えてます（苦笑）。

――「ひとつ、いかなる条件でも前向きであるべし」という言葉ですね。

その言葉自体がちょっと、当時はうしろを向きたくなることもあったっていうことを匂わせてますね。でも、基本的な姿勢はその頃からずっと変わってないですよ。いまの俺のベースになってるというか、いまの棚橋弘至があるのはU－30があったからだと思います。

ＩＷＧＰタッグ初戴冠

――当時の新日本の格闘技路線を象徴するものとして、03年5月2日に東京ドームで、プロレスルールと総合ルールの試合が同じ大会で行なわれた『アルティメット・クラッシュ』が開催されます。総合とプロレスを同じ大会でやるということについては、どう受け止めていましたか？

そこは当時の俺がどう思ったところで、自分の力の及ばないところなので。それにその頃はまだ自分のことに必死すぎて、全体のことを見ることができていなかったというか。その大会は言うなればプロレスと格闘技、どっちがおもしろいか一種の勝負だったと思うんですよ。で、俺は第1試合で天山さんとＩＷＧＰヘビー級王座の次期挑戦者決定戦で対戦するんですけど、結果で敗れた上に、内容で会場を盛り上げることもできなくて。試合後、「ダメだな、俺」ってふさぎ込んだ覚えがありますね。

――ＩＷＧＰヘビー級王座初挑戦への道はつまづいたかたちになりましたが、翌月6月13日の武道館大会では吉江選手とのタッグで蝶野&天山組を下し、ＩＷＧＰタッグ王座初戴冠を果たしました。

Ｕ－30のベルトを持ちつつ、キャリア4年程度で二冠王になって。そう考えると、けっこうチャンスをもらってたとは思います。パートナーの吉江さんは俺が入門したときの寮長だったんで

2003年6月13日、IWGPタッグ初戴冠。吉江さんがボディプレスで決める試合が多かったです。ハイフライフロー前夜ですね。[写真提供:週刊プロレス]

すけど、すごくよくしてもらった記憶がありますね。ただ、ちょっと変わった人というか、吉江さんってものすごくキレイ好きなんですよ。手を洗ってる時間がやたら長くて、「指紋なくなるんじゃないか?」っていう(笑)。だから、掃除も厳しかったですし。

——レスラー・吉江豊としてはいかがですか?

新日本のなかでは珍しいアンコ体型だったので、俺とのタッグはデコボコでおもしろかったんじゃないですかね。俺が動くだけ動いて吉江さんにタッチするという感じで、タッグとしてもうまく機能してたと思います。

HIROSHI TANAHASHI
HIGH LIFE

第5章 IWGPヘビーという山

1976-2009

公開ヘッドハンティング

——棚橋選手がはじめてＩＷＧＰタッグを獲得した２００３年６月13日の日本武道館大会のメインでは、デビュー１年未満の中邑選手が高山選手のＮＷＦヘビー級王座に挑戦しました。先輩としてこの驚異のスーパールーキーの活躍をどう見ていましたか？

もちろん悔しい気持ちはありました。キャリア1年未満で日本武道館のメインっていうのは、ものすごいことですから。ただ、同時に「中邑、たいへんだな」とも思ってましたね。プロレスファンの特徴だと思うんですけど、会社がプッシュする選手を必ずしも全面的に応援するとはかぎらないので。

——中邑選手もキャリアを重ねていないという部分で、一部のファンからなかなか支持を得られないということもありました。当時、棚橋選手には「俺と中邑で格闘技路線と純プロ路線、ふたりで新日本を盛り上げていけば」という思いがあったそうですね。

お互いにＩＷＧＰヘビーという目標は一緒で、ふたりとも同じ山を登ってるんですけど、その登り方が違うというか。真反対から登っている感じでしたね。どっちの登山コースが厳しいのかわからなかったですけど。やっぱりＩＷＧＰという山は高く険しく厳しいですよ。本隊時代の内藤も苦労してましたけど、アイツも自分なりの登山コースをよく見つけたと思います。

——この年の8月、棚橋選手は2度目の『G1』出場を果たします。開幕戦の8・10神戸では中西さんに敗れ黒星スタートとなるも、8・11愛知で天山選手に勝利。しかし、8・12静岡で蝶野選手、8・14仙台でプロレスリング・ノアの秋山準選手と連敗を喫し、8・15両国の最終公式戦で西村修選手を下して有終の美を飾るも、2勝3敗でAブロック4位タイとなりました。

そのときに印象深いのは仙台でやった秋山さんとの試合ですね。この年の『G1』の話題は「ノアのトップが参戦」ということに尽きましたし。試合もすごく盛り上がったんですけど、俺が負けたあと、秋山さんが「おい、新日本！　コイツ、ノアにもらっていくぞ！」ってマイクアピールしたんですよ。

——公開ヘッドハンティングというか、そのくらい認められたということですよね。

リップサービスではあるんですけど、他団体のトップから大観衆の前でそういう評価を得るというのが、さらなる浮上のきっかけにもなりますし。俺も若い選手なんかを引き上げるときに使う手法というか、可能性がある人材にはちゃんと周囲の目が向くよう、上には下を引っ張る役目もありますから。

——全日本育ちの秋山選手は緻密なレスリングスタイルでクレバーな印象がありますが、肌を合わせてみていかがでしたか？

そのときはあまりに実力差がありすぎて、完全に胸を借りるかたちでしたから。でも、俺は新

2003年8月14日、仙台での『G1』vs秋山。学生時代に、秋山選手と写真を撮ってもらったことがあるのは、内緒の話。

日本と全日本の系譜や違いっていうのは、一切思ったことはないんですよ。俺は新日本伝統の〝ストロングスタイル〟という言葉自体にこだわりがなかったので、全日本の〝王道プロレス〟だろうがなんだろうが、「全部一緒じゃん」って思っていて。その頃から団体に関係なく、いいレスラーはいいレスラーだと。なんか、俺のそういう考えが「ストロングスタイルを軽視している」みたいに受け取られることもありましたけど、軽視はしてないんです。単純にその言葉自体に興味がないだけで、いろんなプロレスがあるし、それがプロレスの振り幅だと思ってたので。

――逸材流のプロレス哲学ですね。そして、この『G1』を経て新日本は、10月13日にこの年3回目の東京ドーム大会を開催します。そのメインの10人タッグ（イリミネーションマッチ）で、棚橋選手は天山選手、永田選手、中西選手、そして当時会長だった坂口征二さんと共に新日本軍として、真猪木軍（髙山＆藤田＆鈴木みのる＆中邑＆ボブ・サップ）と激突します。そもそも新日本軍には中邑選手が入る予定でしたが、「世界に通じるメンバーが揃う真猪木軍に新日本プロレスの代表として入ります」ということで、ひとつ枠が空き、そこに抜擢というかたちで棚橋選手が収まりました。

当時はまだそのくらい中邑と差があったっていうことでしょうね。上井さん（＝当時の新日本プロレス執行役員）が「棚橋は鉄砲玉として期待してる」ってコメントしてた気がします。東京ドームでは初のメインだったんですけど、鈴木さんにすごくいい張り手が入ったのは覚えてます。

あとは新日本軍のセコンドに坂口憲二さんがつかれて。

――憲二さんは父である坂口征二さんがメンバーに入っていたこともあり、新日本軍の応援団長としてセコンドにつかれたんですよね。

俺と憲二さんとKENSOさんが、ちょうど歳がひとつずつ離れてるんです。だから三兄弟的な感じで仲よくさせていただいて、道場近くでご飯食べたりしてましたね。憲二さんって、すごくハートがいいんですよ。ナイスガイというか、誰に対しても優しく接してくれたので「カッコいいな」と思って。

――その憲二さんが見守るなか、棚橋選手は最後のふたりまで残る活躍を見せます。とくに藤田選手から3カウントを奪ったのは大金星だったというか。

あ～、首固めですね。vsUWFのときの星野勘太郎さん的な役割ですよね、まさに鉄砲玉というか（笑）。当時、新日本は〝外敵天国〟なんて言われてましたから、一矢報いたい気持ちはありました。あの頃は自分より上の選手と当たる機会が多かったので、とにかくガムシャラにやるしかなかったというか。かなり気も張ってました。

――この東京ドームのあと、棚橋選手は11月30日のノアの札幌大会で小橋選手と本田多聞選手が保持するGHCタッグ王座に永田選手と挑戦し、見事にベルトを奪取します。

あれは新日本のシリーズ中に参戦したんですよ。仙台で新日本があって、そこから飛行機に乗

2003年10月13日、東京ドーム。メインの10人タッグマッチで新日本軍として参戦。セコンドには坂口征二さんの息子・憲二さんの姿も。

って北海道入りして。ただ、38度の熱があって体調が悪かったんです。それでも30分以上戦い抜いて、永田さんが本田選手からバックドロップでフォールを奪って。

——小橋さんとはこのときが最初で最後の対決となりましたが、肌を合わせてみてどうでしたか？

もともと小橋さんのファンだったので、緊張というよりは「おお、あの小橋建太だ！」っていう感動がありました。身体も分厚いし、「腕太えな」とか「ハーフネルソンだ！」とか、戦いながら確認していたというか。GHCのタッグベルトを獲ったあと、長野大会から新日本のシリーズに合流したんですけど、その日の試合後に海野レフェリーに呼ばれて「タナ、おまえ変わったね。試合がすごくよくなったよ」って言われたのを覚えてます。

——そのGHCタッグ王座戦を経て、それほど成長したと。

きっと小橋さんと戦うことで何かを吸収したんでしょうね。「男子三日会わざれば刮目して見よ」なんて言葉がありますけど、まさにそれを地でいくような経験ができたというか。

——パートナーは先輩の永田選手でしたが、いかがでしたか？

やっぱり頼もしかったです、合体攻撃もふたりで考えて。永田さんはスタミナ抜群なので信頼感がありました。タッグ戦っていうのは勝負どころで相手チームをいかに分断するかっていうのが重要ですけど、永田さんなら安心してお任せできるというか。組んでて楽をさせてもらいましたね。

2003年11月30日、敵地ノアで小橋＆本田組と激突。小橋さんと対戦したのは、この一度きり。もっと戦いたかったなあ。［写真提供：週刊プロレス］

二股王者

――当時、棚橋選手はIWGPタッグ（パートナーは吉江）とGHCタッグを同時戴冠し、それぞれパートナーが違うということで話題になりました。

〝二股王者〟ですね。語弊がありますが、俺らしいというか（笑）。いまの棚橋はシングルプレイヤーのイメージが強いでしょうけど、あの頃はタッグ屋だったと思いますよ。

――棚橋さんが考える理想的なタッグの条件というと？

俺はまず、外からどう見られているかを重要視するんです。だから、永田さんや吉江さんとのタッグもがんばってはいましたけど、そういう意味では俺の理想とはちょっと離れてましたかね。やっぱり外に向けて売るためには、ふたりのカラーが似てないとダメというか。それはコスチュームひとつ取っても。永田さんとも吉江さんとも、そういう部分では印象が弱かったので、組む必要性が薄く見えてしまうというか、実際に定着もしなかったですからね。

――そう考えるとKENSO選手との〝タナケン〟は茶髪であったりふたりが醸し出す明るい雰囲気であったり、共通点がありましたよね。

タナケンは何も勲章は獲ってないですけど、絵として見やすかったと思いますよ。これから伸びていくぞっていうフレッシュ感もあったでしょうし。

——棚橋選手がGHCタッグ王者だった時代はノアとの対抗戦が活発で、棚橋選手は常にその最前線にいました。03年12月6日にはノアの横浜文化体育館大会に乗り込んで、同世代のワイルドⅡ（森嶋猛&力皇猛）とのGHCタッグ戦を制し、その3日後の9日は新日本の大阪府立体育館大会で、U－30王座を懸けて丸藤正道選手の挑戦を退けています。この試合後、棚橋選手は「今日の1勝はU－30にとっても俺にとっても大きかった。丸藤はすごい、うちに引き抜きたい」と絶賛されていて。

秋山さんに自分が言われた「引き抜きたい」っていう言葉を使いました（笑）。まあ、当時から丸藤選手は天才と言われてましたから。俺も〝太陽の天才児〟って言われて間もない頃だったんですけど、そのキャッチフレーズは本人がいちばんしっくりきてないというか、逆に苦しめられた部分はありましたね。だって、〝太陽〟と〝天才〟ですから。

——それはプレッシャーですよね（笑）。

太陽というのは俺の明るいイメージを定着できたので、まだよかったですけど、天才にはさいなまれましたねえ。逆に丸藤選手は紛れもない天才ですよ。ひとつひとつの動きにキレがあり、キビキビしていて。いまだったら飯伏（幸太）とかオカダとか、運動能力やセンスに長けてる選手がいますけど、当時目立ってたのは丸藤選手くらいでしたから。あの試合はU－30のなかでも印象深いです。

2003年12月9日、大阪でU-30王座を懸けノアの丸藤選手と対戦。「この人天才やなぁ」と感じて、“太陽の天才児”という当時のキャッチコピーに自信をなくす。

三沢のエルボー

――そして、翌04年の1・4東京ドームで、U－30王座を吉江選手相手に防衛した棚橋選手は、「次の目標はメインに登場する正統派の若いチャンピオンが巻いているベルト。今年は何がなんでも巻いてやります」と、IWGPヘビー初戴冠に向けて、中邑選手に宣戦布告します。

中邑はその直前の大晦日に総合格闘技ルールで試合をやって（『Dynamite!!』でのアレクセイ・イグナショフ戦）、東京ドームにはボコボコの顔で出場し、あの高山選手に勝って。当時の中邑は後輩でありながら、だいぶ俺の先を行ってたので、正直埋められない距離感を感じてました。でも、俺は自分の思いを言葉に出し続けるしかなかったですね。

――あせりはありましたか？

あせりとはちょっと違いますね。俺のIWGPっていう山の登りかたは、絶対に間違えてないっていう信念があったので。ウサギとカメじゃないですけど、先を行かれたとしても、クサらずに一歩一歩っていうイメージでした。止まらなければゴールは近づいてくるという信念があったというか。でも、そこには少し計算高いところもあって、そういうほうがファンも感情移入してくれるとは思ってました。

――たしかにエリートよりは等身大に近いほうが感情移入しやすいというか。

それがいちばん顕著なのが真壁さんで、雑草と呼ばれ続けた人が『G1』で優勝したり、IWGPヘビーのベルトを獲ったりしたからこそ、ファンも盛り上がったわけで。当時は中邑に差をつけられていましたけど、自分のやりかたに自信は持ってました。でも、これがおもしろいことに、こっちの勢いが落ちると中邑が調子よくなり、またその逆もあって、シーソーの繰り返しなんですよね。結果的には俺と中邑、どっちのやりかたも間違いじゃなかったってことだと思います。

――この東京ドームから6日後の04年1月10日、棚橋選手はノアの武道館大会で三沢光晴&小川良成組を相手にGHCタッグ王座の防衛戦を行ないます。棚橋選手は小橋さんに続き、三沢さんとこのときが最初で最後の対決になりましたが、〝方舟の盟主〟はいかがでしたか?

いやあ、ただただ偉大でしたね、三沢さんは。自分がプロレスファンの頃から「三沢のエルボー」ってよく聞いていて、「ホンモノはどんなもんじゃい!」とか思ってたんですけど、アレはヤバいです! 脳にガツンとくるんですよね、首に入った衝撃がそこまで響くというか。俺もいまよりもトガっていて、「新日本をナメんなよ!」って思ってリングに上がってるわけですけど、「これは一発でフィニッシュまで持っていかれるわ」っていうくらいの威力でした。90年代の全日本プロレスで、三沢さんが川田(利明)さんや小橋さんと高度な攻防をしていても、最後はエルボー一発で決着がつくことがありましたけど、やっぱり威力と説得力が違うんだなってことをこの

2004年1月10日、ノアのリングで三沢＆小川組を相手にGHCタッグの初防衛戦。三沢さんのエルボーの強烈さにシビれました（ふたつの意味で）。［写真提供：週刊プロレス］

身を持って知りましたね。あと、三沢さんはファンと思い出をたくさん共有してるわけじゃないですか？　だから、観る側からの信頼感がハンパじゃなかったですね。当時は体型も崩れてきていたのに、みんなが三沢さんを信じているというか。

――いまの棚橋選手に対するファンの信頼感に通ずるものがあるというか。

やっぱり、ファンが抱いている思い入れって重要なんですよね。三沢さんがジャンボ鶴田さんに立ち向かっていた頃を見ていたファンのなかには、「三沢ががんばったから俺もがんばろう！」と思った人がいたわけで、その記憶はずっと色あせないというか。ピープルズ・チャンプというか、ファンからホントに愛されてるレスラーだと思いましたね。

「プロレス界の中心人物になります!!」

――この年の2月15日、棚橋選手は両国で開催された第35代IWGPヘビー級王座決定トーナメントに参加されて、1回戦で高山選手に高角度前方回転エビ固めで初勝利を収めますが、2回戦で天龍源一郎選手に敗れました。その試合後、棚橋選手は「高山さんを破ったことで天命を受けた気がします。俺はプロレス界の中心人物になります！　今日は人生最大の勝利もあって、悔しい思いもして、いい経験になりました」と発言をされていて。

その頃と立ち位置が変わったいまも、言ってることはたいして変わらないですね。それも本気で思ってるから言ってるわけで、リップサービスでもなんでもないですから。ただ、この頃はまだファンからそこまでの共感は得られてないので、「中心人物になる！」って言われても「何言ってんだよ！」って感じだったでしょうけど（苦笑）。

——このときに勝利した髙山選手は、棚橋選手にとってどういう存在ですか？

当時はプロレスと総合格闘技を股にかけて、縦横無尽に活躍するビッグネームというか。ドン・フライとの壮絶など突き合いとか、いまだに語り草ですよね。髙山選手は俺とは体格差があるからたいへんな相手でしたけど、それと同時に頭をひねる作業が楽しかったです。いかにこの大きな相手を崩してやろうっていう。

——では、2回戦で対戦した天龍さんはいかがですか？

イメージどおり、厳しい人でしたよ。顔面にシューズのヒモの跡がつくくらい勢いよく蹴られましたし。天龍さんは若い選手が相手だと逆水平チョップをノドに入れてくるんですよ。観ている側にはわかりにくいと思うんですけど、相手を試してるというか、ちょっと意地悪な攻撃を繰り出してきて。「まだ向かってこれんのか？」って、闘志を折りにくるというか。でも、ファン時代から天龍さんは好きなレスラーだったので、あのときはリング上から『サンダーストーム』が流れるなか、天龍さんが花道を進んでくるのを見て、アガったのを覚えてますね。レスラーにとって天龍源一郎は大きな関所であり、山でいうと8合目というか、感慨深いものがありました。

――棚橋選手は天龍さんと専門誌で何度か対談もやられてますけど、リングを下りた〝ミスター・プロレス〟の印象は？

よくプロレスを見てるなって思いました、俺のエアギターも知ってましたし。あんな大御所なのに、そこにあぐらをかいてないというか、常にアンテナ立てて新しい情報を入れているので、話もおもしろいんですよね。対談のときも7対3ぐらいで、天龍さんのほうがしゃべりますから。俺も何かぶっこんでやろうと狙ってるんですけど、そのスキをなかなか与えないくらいお話が上手で。エネルギーのある言葉を常に吐いて、試合に還元するというのは天龍さんの手法なのかもしれないですね。昔の全日本プロレスというのは言葉じゃなくて試合で見せるイメージでしたけど、そういう部分で天龍さんは全日本らしからぬというか。

――天龍さんは長州さんと並ぶプロレス界の2大コピーライターみたいなところがありますよね。

そうそう、響く言葉を言いますね。とくに天龍さんはつねにトレンドを追ってるというか。なかなか根気のいる作業ですけど、それもあれだけ長いあいだ、第一線に君臨し続けた要因のひとつだと思いますね。

2004年2月15日、IWGPヘビー級王座決定トーナメントの1回戦で髙山選手と対戦。なんと言いますか、人と戦っている気がしませんでした。[写真提供:週刊プロレス]

同じくトーナメントで当時54歳の"レジェンドレスラー"天龍さんに挑む。いまの僕より10歳も年上。まだまだがんばらないと。[写真提供:週刊プロレス]

〝生き地獄〟の金網デスマッチ

——この年の3月28日の両国大会で、棚橋選手はU－30王座防衛戦で村上和成さんを迎え撃ち、完全決着戦として金網デスマッチを敢行します。ただし、会場とはべつのところで観客不在のノーピープルマッチを行ない、それを場内のビジョンに生中継するという、いまとなってはちょっと考えにくい形式で、試合後の棚橋選手も思わず「何をやらせたかったんだ？」と発言されています。

ああ、そんなこと言っちゃいましたか（苦笑）。いや、あれは生き地獄でしたねえ。場所はテレビ朝日のスタジオだったんですけど、〝完全決着戦〟として金網にはカギがかかってるっていう話だったのに、途中で魔界倶楽部の乱入があって、どこか決着戦なんだっていう。大いなる実験でしたけど、あれ以降行なわれてないという意味では失敗だったんだと思います（笑）。プロレスっていうのは観客の声援でリズムを作るんだなって学びました。引くところは引いて、畳みかけるところは畳みかけるっていう組み立ては、お客さんの反応を見ながら考えるところもあって。でも、ノーピープルだとただ相手を叩きつぶすだけなので、それはプロレスじゃないなと思いました。やっぱりプロレスの醍醐味というのはお客さんとの一体感なので。

——その醍醐味を感じようがない試合だったわけですね。

2004年3月28日、両国での村上選手との金網デスマッチ。この試合を経験して、心が強くなりました。［写真提供:週刊プロレス］

あの試合は終わったあとに死ぬほどへコんだんですよ、「何やってるんだろう、俺?」みたいな。試合のあと会場に向かったんですけど、「お客さんの前に出ていきたくないな」って、両国の控え室でショボンとしてるわけですよ。でも、俺が落ち込んでたら、後藤達俊さんが「おい、どうした?」って声を掛けてくださって。「いや、盛り上がらない試合をしてしまったので……」「でも、精一杯やったんだろ? だったら胸張って行ってこいよ!」って言われたのが力になったというか。それからはどんな試合でも、一生懸命やったと自分で思えたら胸張っていこうって思えるようになって。だから、「クソ、盛り上がらなかったな」と思うときはあっても、そこからの気持ちの切り替えは早くなりましたね。「次はがんばろう!」っていう。そこからですね、俺が打たれ強くなっていったのは。

——そういうきっかけがあったんですね。

だから、あの村上戦は試合としては悔しいものなんですけど、誰も経験してないところを通ってきてるという意味では大きなものなのかなと。ほかの選手は通らなくていいとも思いますけど。

——そして、この年2回目の東京ドーム大会が5月3日に開催されます。棚橋選手は「新日本vs K－1 4番勝負」に出陣し、ショーン・オヘア選手に勝利を収めます。

俳優さんみたいでカッコよかったですね。身体も大きくて飛べるし、WWEでもいい位置でやっていて。でも、なぜかK－1軍っていう(笑)。後年、総合格闘技をやるようになったみたいで

2004年5月3日、東京ドームでK-1軍のショーン・オヘアと対戦。本当に色男でした。

すけど、もしレスラーを続けていたらスーパースターになってた選手だと思いますよ。あのときの記者会見で、お互いにファイトポーズで向かい合って写真を撮るときに、向こうがウィンクしてきたんですけど、それがムチャクチャかっこよくて（笑）。こっちは未知の選手に対して少しナーバスになってるんですけど、「ウワッ、この余裕スゲー！」って思いましたね。これが本場のアメプロの匂いというか、そういうものを経験してきてる選手なんだなって。色気もありましたし、完全に心を打ち抜かれました（笑）。

――ああいうカードが組まれることについては、どう感じていましたか？

若手なりに「会社の方向性がブレてるな」っていうのは思ってました。vsK－1ではU－30を懸けてTOAともやりましたけど（03年11月3日・横浜アリーナ、ドラゴンスリーパーで勝利）。俺は信念を持って総合格闘技ルールやK－1ルールでは戦わないと決めてましたし、プロレスとは似てるようでまったく違うものだから混ぜちゃいけないと感じてたので、ある種の葛藤はあったと思います。

IWGPヘビー初挑戦

――この年の6月5日、棚橋選手は大阪府立体育会館でボブ・サップの持つIWGPヘビー級王座に初挑戦する予定でしたが、サップがドタキャンするという事態が起こります。このときは、自身の過密スケジュールに嫌気がさしたサップがK－1サイドと揉めて、王座を返上するという流れでしたが、当事者である棚橋選手はどうご覧になってましたか？

この大会前に大阪にプロモーションに行ったんですよ。イベントをやったり、新聞やテレビの取材を受けたり。当時、サップは〝時の人〟で注目度も高かったですから、こっちもいろんなメディアに出て。でも、急にそういう事態になったので、いわくつきの初挑戦になってしまったというか。

——結局、棚橋選手は、サップをK－1主催の総合格闘技大会『ROMANEX』（04年5月22日）で下した藤田選手と、IWGPヘビー級王座決定戦で対戦することになります。

あのときは俺をかわいがってくれていた藤田さんとは、もう別人だと思ってました。目つきもイッちゃってるというか、ギラギラしてましたし。たしか、その前のどこかのドーム大会で、藤田さんが乱闘騒ぎになったときに止めに入ったことがあるんですけど、なんの躊躇もなく、おもいっきりグーで殴られたんで「オイオイ！」って思いましたね（苦笑）。

——棚橋選手はキャリア4年半で念願のタイトル初挑戦となりましたが、期するものがあったのでは？

いまだから話せる話ですけど、すごく根回しとかしたんですよ。プロモーションのイベントで、

2004年6月5日、大阪でサップではなく藤田さんを相手にIWGPヘビー級王座に初挑戦。
“ドタキャン人生”のはじまり。

ファンの人に「入場からコール頼むよ！　盛り上げてね！」とか言って（笑）。実際、入場時から棚橋コールが起こったんですけど、それもあのときがはじめてでしたから。さらに藤波さんもリングサイドに来てくれたりとか、あらゆる期待感が高まっていて。緊張しましたけど、「はじめから飛ばしていくしかないな」って思ってました。それで試合開始すぐにドラゴンロケットをやったんですけど、勢いよく飛びすぎて、ふくらはぎをセカンドロープにひっかけちゃって。結果的にそれが致命傷になりました。試合のときはアドレナリンが出てるので痛みも抑えられてたんですけど、ふくらはぎの打撲痛で２週間くらいまともに動けなかったです。

——結果的には、藤田選手が顔面蹴りでＫＯ勝利を収めました。

当時、総合格闘技のような攻撃をプロレスに取り入れるというのが流行になってましたけど、完膚なきまでに叩きのめされましたね。チャンピオンになるには、まだいろんな意味で足りなかったと思います。でも「ゆくゆくはチャンピオンになるんじゃないか？」というふうに見られる状態には持っていけたのかもしれないですね。実際に巻くには、それからまた時間を要しましたけど。

HIROSHI TANAHASHI

HIGH LIFE

第6章

新闘魂三銃士

1976-2009

使いやすい選手

――2004年の半ば頃から棚橋選手は中邑選手と柴田選手と共に〝新闘魂三銃士〟と呼ばれはじめますが、この呼称について思うことはありましたか?

まず、中邑と柴田は同じ反応でしたよね。「くくるんじゃねえよ」っていう。その気持ちもわかるんですけど、俺としては全員が同じ反応だとおもしろくないなっていうのがあったので、個人的に立ち位置も考えて割と肯定的に乗っていたというか。そもそも、会社が打ち出した方針に対して3人揃って「やってられるかよ」なんて反応してたらファンが乗れないですよね。本人たちにやる気がなかったら、観る側だって感情移入できないでしょうし。

――ファンの気持ちも考慮されたわけですね。

自分の意思を優先する中邑や柴田に対して、自分自身は損な役回りであったとしても、そこは会社やファンの期待に応えたいなって思いましたね。まあでも正直なところ、〝ポスト○○〟や〝新○○〟みたいな打ち出し方をして、ホントの意味で成功した試しってないじゃないですか?そういうところでは、ちょっと難しいかなっていう思いは持ってました。〝闘魂～〟というくくりでいうと、〝闘魂トリオ〟なんていうのもありましたからね。

――92年当時、飯塚高史さん、野上彰選手（現AKIRA）、エル・サムライ選手が〝闘魂トリオ〟と呼ばれて。あとは〝三銃士〟というフレーズでいえば、永田選手、中西さん、石澤常光選手（現ケンドー・カシン）の〝アマレス三銃士〟とか。

やっぱり、同じようなフレーズをつけて、闘魂三銃士以上の存在感を出すのは簡単なことではないですよ。でも、そもそも俺は会社の方針に対しては基本的に全肯定ですから。思うところはあったとしても、それを乗り越えて大きな結果を残すように心がけていたというか。だから、ある種、会社にしたらいちばん使いやすい選手なんじゃないですかね（笑）。

――新世代として会社やファンの期待を集めるなか、棚橋選手は3度目の『G1』で躍進を果たします。8・7相模原の開幕戦で西村選手に勝利し、次戦の8・8大阪では天山選手に敗れたものの、そのあとは真壁選手（8・9神戸）、髙山選手（8・10名古屋）、中西選手（8・11金沢）、金本浩二選手（8・13両国）、そして健介さん（8・14両国）と怒涛の5連勝を飾り、Bブロック1位で決勝トーナメントに進出。8・15両国の準決勝では天龍さんに勝利しています。

天龍さんには首固めで勝って、俺のドラゴン殺法が花真っ盛りの頃ですね。その頃はIWGPヘビーにも初挑戦して、自信が芽生えはじめていたのが、いい結果につながったと思います。でも、優勝決定戦で天山さんに負けてるんですよね。

――はい、Bブロック2位の天山選手は決勝トーナメントで、中邑選手、柴田選手、そして棚橋選手と、新闘魂三銃士に3タテを食らわせて優勝しています。

あのときはお客さんの声援が天山さん寄りで。中邑、柴田を破って、俺が新闘魂三銃士の最後

2004年8月15日、両国での自身初の『G1』優勝決定戦で、天山さんに敗北。関係ないけど、この頃、アウディのTTというスポーツカーに乗っていました。

の砦みたいなかたちでしたけど、お客さんも天山さんのほうが感情移入しやすいというか、自然と俺のほうがヒール的な立ち位置となって。あのときはいまほど自分のプロレスに幅があるわけではない状態で持てるかぎりの技を出して、結果はついてこなかったですけど、ひとつの達成感はありました。

――当時、天山選手は『G1』を03~04年と連覇し、正規軍のトップという立ち位置でしたが、棚橋選手から見てどんな存在でしたか？

俺も「夏に強い天山さん」とか皮肉も言いましたけど、いわゆる第三世代のなかではいちばんプロレスがうまい選手だと思います。同時にあの人は〝怖さ〟を隠し持ってるんですよ。じつは天山さん、けっこう怒りの沸点が低くて、ブチ切れると手がつけられないというか、〝猛牛化〟して。パワーもあるし、当時は上半身の厚みや腕の太さも異様でしたからね。だから、うまく怒りのスイッチが入らないようにこっちでコントロールしていた感はあります。あの『G1』は準優勝というひとつの結果を残すことができたこともあって印象深いですね。

複雑な関係

――04年10月1日の後楽園大会では、中邑選手と柴田選手と新闘魂三銃士として、あとにも先にも一度だけのトリオを結成しています。

なんとなく覚えてますよ。3人のあいだに微妙な空気が流れていて、全然コンビネーションが取れなくて。柴田さんにいたってはタッチ代わりに、キックや張り手を見舞ってましたから(笑)。当時は若いこともあって、お互いに自己主張が強かったですね。ただ、棚橋・中邑・柴田の3人が並んだ姿は絵になるなと思いました。まだみんな20代でシュッとしてましたし。お客さんにも期待感を持ってもらえたんじゃないですかね。プロレスにとって期待感は大事ですから。

——あの当時、リング外で3人はどんな距離感だったんでしょうか?

まったくしゃべらないということもなかった気はしますけどね。そんなに覚えてないってことは、リング上同様に微妙な距離感はあったと思いますけど。そこが元祖・闘魂三銃士と違うところかもしれませんね。あのお三方は同期でしたけど、俺らの場合は年齢やキャリアも複雑でしたから。俺から見ると柴田さんは1年先輩で、中邑は3年後輩。で、そのふたりは同い年で、俺はふたりより3つ年上ですから。とくに中邑と柴田っていうのは、互いに強く意識する部分があったと思いますよ。そのときの6人タッグにしろ、あのふたりの空気感が試合全体の雰囲気を作っていたというか。あの試合に関していえば、自分は狼群団でいうところのヒロ斉藤に徹するしかないなと(笑)。ギスギスしてるふたりの潤滑油になるしかないですよね。試合を成立させるのがプロレスラーの本来の目的ですから。俺はそのあたりまえのことを、つねに遂行しようと思って

2004年10月1日、後楽園で「新闘魂三銃士」として唯一のタッグ結成。もう一度? あるかな? 無理かな。

ました。

——当時、柴田選手は〝狂犬レスラー〟と呼ばれてましたが、若手時代をともに過ごした棚橋選手から見ていかがですか？

まあ、柴田さんは若手の頃からとがってましたから。リング以外でも感情の起伏は激しかったような気がしますね。割とデリケートだったし。

——この6人タッグの試合後、棚橋選手は「ゴタゴタしてる新日本を俺がまとめる」って発言しています。

そんな身の丈にあまる発言をしてましたか。その言葉の裏には、いかに当時の新日本がバラバラだったのかっていう状況が見えますよね。でも、当時はまだ、俺の言葉はそこまでファンには響いてなかったと思います。新世代としてプッシュされても、広く受け入れられるにはしばらく時間がかかりましたね。

師匠との初対決

——この後楽園から8日後の10・9両国国技館大会で、棚橋選手は中邑選手とのふたりだけの初タッグで、武藤&西村組と対戦します。これは棚橋選手が武藤選手の参戦を要求して実現した試合で、かつての師匠とはじめての対決となりました。

武藤さん、やっぱりデカかったですねえ。最初はやりづらさもありましたし、武藤さんは勝とうが負けようが、試合全体を武藤ワールドに染めるんですよね。対戦相手の印象を残さないというか、自分がとにかく光る。そこが俺と武藤さんの違いで。武藤さんは自分が光ることに関しては長けてますけど、相手を光らせるって部分では俺のほうが絶対に上だと思ってるので。

——そこは確固たる自信がある、と。

まあでも、当時の武藤敬司は絶対的なスターで、俺はまだまだこれからの選手でしたから、「ようやく、ここまでたどり着いた」っていうのはあったと思います。俺は武藤さんの付き人もやってましたし、師匠とようやく対峙できたという部分で。

——この両国大会では、02年5月に新日本を退団した長州さんが突如リングに乱入してファンを驚かせます。あれはほとんどの選手が知らなかったそうで。

「新日本のど真ん中に立ってるんだぞ！」ってアピールしたやつですね。俺も控え室で見てて驚きました。でも、そのへんの時期のことは、あまり覚えてないんですよね、記憶がいちばんあいまいな頃で。新日本がリング内外でゴタついてた時期だったので、もしかしたら一種の自己防衛なのかもしれないですね。

——その後、長州さんは新日本の現場監督にも復帰します。

2004年10月9日、かつての師匠・武藤さんとタッグマッチで初対決。まったく相手にならず、武藤さんの大きさを知る。［写真提供：週刊プロレス］

当時はまだ総合格闘技路線の流れが色濃く残っていた時期なので、おそらく会社の方向性として「プロレスはプロレス」ということで、現場をひとつにまとめ上げる存在が必要だったってことなんでしょうね。迷走していた団体の荒療治であり、痛みを伴う改革というか。永田さんをはじめ、アレルギー反応を起こした選手もいましたけど、俺は長州さんには恩義がありますから。付き人もやらせていただいたし、事件を起こしたときに「人生は長い。あきらめずにがんばれ」と書かれた温かい手紙もいただきましたし。だから、ほかの人がノーと言っても、俺は受け入れていたと思います。

——新日本の混乱期という意味では、この両国大会のメインのIWGPヘビー級王座戦が物議を醸しました。挑戦者の健介さんにチョークスリーパーをかけつつ、後方に倒れ込んだ王者の藤田選手が、そのまま3カウントを取られてあっさりと敗退。健介さんの奥さんである北斗晶さんも、この裁定に激怒するという一幕があって。

そりゃあ観ているファンからしても「エーッ!?」てなりますよね。「ファンをがっかりさせる試合をしてどうするんだよ？」って思いました。IWGPのベルトが雑に扱われてる感じもしたし……。当時、俺はU－30の王者でしたけど、自分は自分の信じたプロレス、正統なプロレスをやっていこうと強く思いましたね。

——U－30でいうと、棚橋選手はこの両国大会のあと、10月24日の神戸ワールド記念ホール大会で、当時アメリカン・ドラゴンと名乗っていたダニエル・ブライアン（元ＷＷＥ統一ヘビー級王者）を相手に王座防衛に成功しています。

ブライアンはすばらしい選手でしたよ。オーソドックスなプロレスというか、序盤にレスリングの攻防があって、そこからロープワークを使った動きのある展開に移行し、そして大技を繰り出していくというセオリーに乗っ取ったプロレスをやるレスラーで。俺よりも年下でしたけど、やっていて勉強になりました。ブライアンはスティーブン・リーガルさん（現ＷＷＥのウィリアム・リーガル）に師事していて、リングコスチュームも彼のイメージカラーのエンジ色を使ったり、リングシューズをもらったりしてるっていう話も聞きましたね。

――ブライアンもかつてのクリス・ベノワやエディ・ゲレロのように、新日本を経てＷＷＥで大成功を収めました。

「イエス！　イエス！」ってすごかったですよね（笑）。あの小さな体格で筋骨隆々の男たちを技術でネジ伏せてのし上がった、そこにひとつの答えがあると思います。しっかりとした技術を持ってる選手こそ、トップにふさわしいというのを体現したレスラーですね。

2004年10月24日、神戸でアメリカン・ドラゴン（現ダニエル・ブライアン）を相手にU-30王座を防衛。試合をしていて楽しかった選手のひとり。

小川直也は許せない

――この年の11月13日、大阪ドームでビッグマッチが開催されますが、棚橋選手は当初、ファン投票で1位になった中邑戦に臨むはずだったのが、その大会3日前の猪木さんの強権発動により、このカードが流れてしまいます。結局、棚橋選手は天山選手とのタッグで、当時『ハッスル』所属だった小川直也&川田利明組、中邑選手は中西さんのとタッグで藤田&カシン組と対戦することになりました。棚橋選手はこの一連の流れをどう受け止めていましたか？

「ホント、めんどくせえな！」って思ってましたよ。その時期になると猪木さんの神通力というか、やり方が通用しなくなってたと思うんですよね。

――カードを変更したのも、猪木さんが「注目がイマイチだ」ということで、カンフル剤を打ったかたちでしたが、結局動員も伸びず、どこまでファンに響いたかが微妙だったというか。

棚橋と中邑の実力不足って言われたらそれまでなんですけど、それにしたって「めんどくせえな！」と思いながら、当時は真っ暗闇のなかを走っていたような感覚はありました。

――この大阪大会で棚橋選手は、後にも先にも唯一となる小川選手との遭遇を果たしますが、試合中もどこか表情が乗っていなかったというか。

腐りながらも「試合を盛り上げないと」っていう葛藤が出てたんじゃないですかね。試合で覚

2004年11月13日、大阪ドームで天山さんと組み、小川＆川田組と対戦。リング上に漂う緊張感が半端なかった。

えてるのも、俺が小川選手に投げられてもすぐに立ち上がった記憶くらいで。

――試合は棚橋選手が小川選手にフォール負けを喫したものの、その試合後に「小川は名前だけで試合しているし、中身がない。カラッポ」と、かなり厳しい発言を残していて。

俺、小川選手には辛辣ですよ。それは橋本真也vs小川直也、あの試合が許せないからです。

――98年の1・4東京ドームで小川選手が暴走ファイトを繰り広げた試合ですね。

アレはないですよ。当時、マスコミの論調も小川寄りだったのが気に食わなかったですね、「何を評価してるんだ?」っていう。プロレスというのは相手があってこそなのに、小川選手は自分だけが目立てればいいように見えたし。エースやスターの役目というのは、まわりのプロレスに関わる人たちを引っ張り上げることですから。しかも、こっちにしてみれば同郷の英雄である橋本さんのレスラー人生を狂わせたわけですからね。俺は許せなかったし、試合中にそれが顔に出てたんじゃないですか? その怒りをどう表現するべきなのか、葛藤だったり悔しさだったりを抱えてたんだと思いますね。

――当時、『ハッスル』はエンターテインメント色が濃く、芸能人がリングで試合をするなど、業界内外で注目を集めつつありました。

俺は一切乗れなかったですし、好きか嫌いかと言われれば、嫌いでした。俺のなかには割と古臭い部分があるというか、リングっていうのは厳しい練習を経た人間だけが上がれるものという思いがあって。「ホントにプロレスに対して愛はあるのか？」という目では見てましたね。あのプロレスに対して斜に構えた雰囲気が、「こういうものでいいでしょ？」みたいに感じ取れて。

――ちなみにこの大阪ドームでは、この年の大晦日に開催された格闘技イベント『Dynamite!!』の出場選手であるボビー・オロゴンさんや秋山成勲選手も、猪木さんに呼び込まれるかたちでリングに上がって挨拶していますが、棚橋選手は試合後に「新日本が『Dynamite!!』と『ハッスル』の宣伝に利用される」と、怒りを交えてコメントしていて。

当時の感情として、猪木さんにこそ揺らいでほしくなかったっていう思いが強くて。そもそもプロレスでスターになった人じゃないですか？　それがべつのものが台頭してきたからといって、そっちのプロデューサーに収まったという事実も釈然としなかったですし。

――猪木さんとしてはそういったものを利用し、さらに新日本に話題を呼ぼうという思いもあったかと。

どうなんでしょうね？　当時の猪木さんは新日本の現場に対して、マスコミを通じてダメ出しばかりしてたじゃないですか。「新日本は腐ってる」とか。影響力もあるし、多くのファンは額面どおりに受け止めてしまったと思うんですよ。一般企業だったら考えられないですよね。飲食店でいえば、オーナーが「ウチの料理はまずい」って言ってるようなもんですから。

――この大阪大会のメインでは、棚橋選手と当初戦う予定だった中邑選手が、試合後に猪木さんに鉄拳制裁を受けるという一幕もありました。その試合後、対戦相手だったカシン選手が「この会社は本当に大丈夫なのか？　選手も社員も、すべてにおいてやる気を失ってるぞ」と発言していて。

それは言いえて妙ですね。ただ、唯一外れているのは、俺はやる気を失ってなかったということですかね。

『ハッスル』からの引き抜き

——棚橋選手はさまざまな団体から引き抜きの声がかかっていましたが、この大阪大会のあと、『ハッスル』からもオファーがあったとか？

たしか05年ですね、HGさんが出てたくらいで。当時、新日本のリング屋さんを辞めて、『ハッスル』関係で働いてた人がいたんですけど、その人経由で話が来て。そのときに提示された条件が3年契約で年間5000万という、当時からすると破格のもので。

——なびきそうにはなりませんでしたか？

ちっとも。というのは、やっぱり俺のなかでは、やり甲斐が第一だったんですよ。「やりきった！」っていう充実感こそが、仕事の喜びだと思っていたので。ただ、もし嫁さんに相談してたら、「行きなさいよ！」ってなってたかもしれないですね（笑）。このときのオマケ話としては、ちょうど『ハッスル』から話が来たタイミングというのが、新日本との契約の時期だったんですよ。で、俺は契約を更新するつもりだったのに、その席で自分の印鑑を忘れちゃったんですね。だから、「また今度押します」ということで帰ろうとしたら、社長になる前の菅林さん（現・会長）が「じゃあ、いまからタクシーで棚橋選手の家に行くから、そこで印鑑押して」って言われて。

——きっと危機感があったんでしょうね（笑）。

俺は「契約する」って言ってるのに、「絶対逃さないぞ！」みたいなかたちで、ずっと付きっきりでした（笑）。でも、まだIWGPヘビーのチャンピオンになる前の人間を、それくらい大事に思ってくれているというのはすごく感じましたね。

——結局、『ハッスル』は崩壊するわけですが、将来を見据えたときに「ここは長くはないな」みたいな予感めいたものはありましたか？

いや、そういう算段はなかったです。じゃあ、俺が新日本にホントに残った理由を言いましょうか？　それは新日本を愛してたからです（笑）。あの頃はフラストレーションがありつつも、目の前に課された難題を乗り越えようと必死になってましたね。幅を利かせた外敵に立ち向かって。これは03～04年あたりだと思うんですけど、北海道巡業のときに新日本の選手の欠場が重なって、大会ポスターの真ん中が高山さんだったんですよ。あれは悔しかったし、まだ二十代でしたけど

「もっと俺に力や知名度があれば、なんとかできるのに！」っていう不甲斐なさを感じてましたね。きっと中邑も似たような気持ちだったんじゃないかな。

次世代エースタッグ

――この大阪ドーム大会あたりはまさに外敵天下というか、IWGPヘビーを健介さん、IWGPタッグを髙山選手と鈴木みのる選手のタッグが戴冠していました。その状況下で、棚橋選手はタッグ王座奪還に名乗りを上げ、中邑選手との次世代エースタッグを結成します。

その時点で中邑は一度IWGPヘビーを巻いてたので、後輩なのに自分よりも先を行ってるという部分で、組むことに多少葛藤はありましたよ。一方的にライバル視してたし、ジェラシーの対象だったんで。ただ、自分のなかで天秤にかけたんでしょうね。外敵天下を打ち崩すために、新日本所属としてベルトを取り返すことのほうが自分のエゴよりも大事だと。そこで組むなら中邑しかいなかったと。自分で言うのもなんですけど、若い俺たちが新日本の一筋の光だったというか。当時は俺が28で、中邑はまだ24とかでしたから。

――おふたりがIWGPタッグに挑戦したのは、この年の12月11日の大阪府立体育会館でした。王者の髙山選手はケガにより欠場中だったため、タッグベルトの一本を健介さんに譲渡しますが、I

2004年12月11日、大阪で中邑とのタッグで健介＆鈴木組を下しIWGPタッグ初戴冠。
「新日本プロレスを守る」という意識が芽生えた頃ですね。

WGP実行委員会はこれを認めず、大阪では棚橋&中邑vs健介&鈴木の新王者決定戦となって。

あの大阪の直前、広島の大会で俺が左ヒザをケガしたんですよ。それで中邑が「いい鍼灸の先生がいるんで紹介しましょうか」って気遣ってくれたり、試合前にヒザに塩を振ってくれたりしたのを覚えてます。

――このときの王座戦の大半は健介&鈴木組が一方的に攻め込みましたが、ファンの声援を背に最後は棚橋選手がドラゴン・スープレックスで鈴木選手をフォールし、見事ベルト奪取に成功しました。

その試合は当時としては長かったんですよ（32分33秒）。そのうちの8割くらい押されたんですけど、どうにか終盤に巻き返して。新日本が外敵に劣勢のなか一矢報いたというか、首の皮が一枚つながりましたね。

HIROSHI TANAHASHI

HIGH LIFE

第7章

冬の時代

1976-2009

中邑との初シングル

――中邑選手とIWGPタッグ王座を奪取したあと、棚橋選手はリング上で「中邑、次やるときはシングル！」とアピールすると、中邑選手も「やりましょう！」と呼応し、大阪ドームで流れたふたりのシングルが、年明けの05年の1・4東京ドームでIWGPU－30王座を懸けて実現することになりました。二十代同士でドームのメインを締めるのもすごいことだと思います。

たしかに。でも、「会社としてもこのカードに懸けるしかないんだな」っていう雰囲気は感じてました。まだ、俺と中邑の名前もそれほど世間には届いてないし、さらにオールドファンにも受け入れられてない状況でしたけど。実際、観客動員的にも結びつかなかったですから。

――この年は1月、5月、10月と3度の東京ドーム大会を開催しましたが、いずれも動員的には厳しかったそうで。

あの頃は主催者発表と実数の差はかなりありましたから。いまは実数発表になってますけど、当時は1万人いかないこともあって。でも、ドームで初のシングルのメインで、向かい合った相手が中邑っていうのは、何か宿命みたいなものを感じますね。あのときはドームの花道を王者として最後に入場したんですけど、その誉れを感じる余裕すらなかったです。でも、プレッシャーというよりは使命感が大きかったかな。「俺たちがなんか見せなきゃ、盛り上げなきゃ！」っていう。

2005年1月4日、東京ドームのメインで中邑とU-30のベルトを懸けて対戦するも敗北。
ほろ苦い結果に終わった初シングル戦。

——中邑選手の本音としては、もう少しふたりの価値を高めてからシングルを行ないたかったようですね。

中邑に直接言われましたよ、「本当はまだやりたくない」って。90年代に「闘魂三銃士と全日本プロレスの四天王、どっちが強い？」っていう見方があったじゃないですか？　当時から中邑は「俺たちがそれぞれ価値を高めれば、いつか棚橋vs中邑は武藤敬司vs三沢光晴みたいなカードになりますよ」みたいなことを言ってました。それでも当時の会社は、棚橋vs中邑をあのタイミングで切らなければいけなくて。苦しい時代でしたけど、あのドームを起点に会社が我慢して俺と中邑を使い続けてくれたから、のちに棚橋vs中邑が看板カードになったというか。まあ、船出っていうのは大体苦しいものですから。

——あのシングル初対決の結果は24分45秒、中邑選手が腕ひしぎ逆十字固めで棚橋選手からギブアップを奪い、U－30のベルトを奪われてしまいました。

試合内容自体は〝若い〟の一言ですね。「ドームだから見栄えのいい技を出して、沸かせないといけない」っていう気持ちが先走って。本来、自分がやりたい試合、ポリシーを曲げてしまったところはありましたね。ちょっと会場に呑まれました。このときはいまほど間合いでコントロールする部分がなくて、互いにジャーマンを投げ合ったり、ドラゴンロケットを仕掛けたら勢いがつきすぎて本部席に突っ込んだり。若くて荒くて、それはそれで観返すとおもしろいんですけどね。いまよりも機動力があるのが切なくなりますけど（苦笑）。当時はよく自分の試合映像を観て「ここはこうすればよかった」って研究してましたよ。同時に、自分の試合と同じくらいショーン・マイケルズの試合も観るようになって。そのあたりからちょっと試合のテイストが変わってきたんじゃないかな。

――マイケルズといえばＷＷＥで一時代を築いた名選手ですね。

ファン時代からアメプロを観てはいたんですけど、プロになってあらためてマイケルズの試合に触れて「巧いなあ」って惹かれたというか。サイズ的にアメリカのレスラーの中では大きくないし、かと言って飯伏みたいな飛び抜けた運動能力を持ってるわけじゃないので、「なんで、いつもトップにいるんだろう？」って興味深くチェックしてました。

――のちに棚橋選手と対戦したカート・アングルが、「タナハシは〝和製ショーン・マイケルズ〟だ」と称えたことがありましたね。

あのときはうれしかったですけど、それ以上に「ヤバい、バレてる！」って思いました（笑）。ちなみにフィニッシュまでの持っていきかたとか、無意識のうちに影響を受けたんでしょうね。試合をしてるときって、「コイツ、プロレス観てるなあ」っていう選手はわかるんですよ。プロレスへの熱量というか、プロレスに費やした時間っていうのは、試合にダイレクトに比例してくるなって。オカダや内藤とか、いまの新日本のトップ陣はそういう選手が多いですね。

純プロレスと格闘プロレス

――中邑選手との初シングルの話に戻ります。無念の敗北を喫した棚橋選手は「人生でこんなに悔しい経験をしたことがない。俺は中邑のプロレススタイルは好きではない」と発言されていて。

ああ、精一杯の意地が見えるというか、負けたことで自分が全否定されたような気持ちになったんでしょうね。U－30に関しても、すでにIWGPヘビーを巻いたことがあった中邑が返上を申し出たことで、その存在意義が揺らいでしまって。俺が中邑との直接対決で勝てば、あのベルトもまだ生きる道があったんですけど。その後、U－30を掘り起こそうとする選手が誰も出てこないのが寂しいです（苦笑）。

――初代が棚橋選手、二代目が中邑選手。そして、新王者決定戦で三代目王者となった棚橋選手が2度防衛し、2006年6月にIWGPヘビー挑戦に向けて返上して以降、約15年ものあいだ封印状態になっています。

いまなら棚橋、中邑の並びに名前が刻まれるし、プレミア感ないですか？　で、俺は逆にU－50のベルトを新たに提唱しようかな、「50代こそ脂が乗ってるだろう！」と。まあ、最近は違う脂のような気もしますけど（苦笑）。

――このドームの一騎打ち以降の棚橋選手と中邑選手は、共にIWGPタッグ王者として防衛ロードに臨みます。

その頃から、俺はいろいろと我慢することを覚えていったんじゃないですかね。「俺が、俺が」の性格だったのが、横に自分よりも若くてすごい選手がいるっていうのを認めざるを得ないというか。でも、その悔しさがモチベーションになってました。

——棚橋&中邑組は同年の1月30日には札幌の月寒グリーンドームで、天山&永田組の挑戦を退けてIWGPタッグの初防衛に成功。試合後、棚橋選手は「中邑とのタッグは、技のタイミングが自然と合う」と発言されているのですが、実際にやりやすいパートナーだったんでしょうか？

そうですね、連携もソツなくできていて。お互い口に出さずとも、タッグチームらしい試合をしようって気持ちだったと思います。中邑もかなりのプロレス少年で、LLPW（女子プロレス団体）の旗揚げメンバーをソラで言えますからね。でも、いま中邑とタッグを組んでた頃のことを振り返ると、俺のほうはわりと何も考えずに試合をして、微調整というかアジャストをあっちがやってた気がしますね……。

——中邑選手も以前、「棚橋さんと組んでたときは、俺が一歩引いたほうがタッグとしてうまくいくと思った」とおっしゃっていました。あと、「先輩としてこっちに気を遣ってるように見えて、『俺が！　俺が！』だった」と（笑）。

実際はまだ我慢を覚えてなかったと（笑）。後輩のほうが気を遣ってたわけですね。

――ただ、中邑選手は当時、「俺たちは純プロレスと格闘プロレスが組んでるからおもしろい」と発言されていて、ふたりのスタイルの違いが化学反応を起こしてたというか。

ああ、それはあるかもしれない。タッグが成功するのって、ふたりが同じコスチュームでスタイルも似てるか、まったくタイプの違う選手が組んでうまく化学反応を起こすか、そのどっちかなので。当時、ふたりでマクドナルドのCMにも出させてもらったんですよ。「ペッパーチーズダブルビーフ」っていう新商品のCMで、実際にその商品名で合体技も作って（笑）。会社自体もまだ混沌としてましたけど、俺たちは期待されてるんだなって思いましたね。

柴田の退団

――当時、草間誠一社長が「第三世代には棚橋・中邑の踏み台になってほしい」と発言したのが物議を醸しましたが、棚橋選手自身はどう受け止めましたか？　あの頃はまだ天山選手は33歳、永田選手は36歳だったんですよね。

いまの俺より全然若いですね。その草間さんの発言自体は、とくに気にしてなかったです。その発言を真に受ける人もいないだろうなと思いましたし、もし俺が30代前半で「もっと若いヤツの踏み台になれ」って言われたら、逆に発奮材料になりますから。棚橋・中邑を売り出したいっていうのはわかるんですけど、そのやり方というか、踏み台という発言自体はちょっと下手くそだったかなとは思います。

――そして、棚橋・中邑と同じく期待されていた柴田選手が、同年の1月31日に「新日本と自分の思い描いてるビジョンが違う」と退団しました。

柴田さんとはヤングライオンの頃はまだしも、あの人が魔界倶楽部に入って敵対するようになった頃から溝ができてしまったんで、退団するときも何も話してないですね。「新日本を辞めることが、俺の新日本だった」って発言してるのを専門誌で見たときは、「何言ってんだ、コイツは？ふざけんな！」って思いましたし。いま考えると、柴田さんのなかでは「純粋な強さを追い求めたい」という思いだったんでしょうね。俺みたいに「うまく3カウントを取るのがプロレスの醍醐味のひとつ」という考えとは、到底相容れないというか。

――永田選手は柴田選手に「新日本に残ってほしい」と話したそうなんですが、棚橋選手は同世代のライバルに辞めないでほしいという気持ちは？

当時はなかったです。俺は「なんとか新日本を盛り上げよう！」ということしか考えてなかったんで、「辞めたいヤツは辞めていけばいい」っていうドライな感覚でした。00年代前半から中盤は退団者も続きましたし、「ああ、また退団者か」くらいの気持ちでした。

「武藤敬司は遠いなあ」

――このあと、2月16日に棚橋選手は全日本プロレスの代々木競技場第二体育館大会に参戦し、かつて自身が付き人を務めた武藤選手とシングルで初対決を行ないました。

最後、ムーンサルトプレスで負けたんですけど、手も足も出なかったです。もう、完封というか小僧扱いという感じで。武藤さんとはじめてシングルをやるときは感慨深さがありましたけど、それと同時に「いやあ、武藤敬司は遠いなあ」って思いましたね。師匠は偉大というか。

――武藤選手からの全日本移籍の誘いを断り、新日本に残った棚橋選手が、全日本のリングに乗り込んで武藤選手と対峙するのもドラマ性があるというか。

そのときくらいから、「ああ、プロレス界って、なんでもありなんだな」って思いましたよ（笑）。選手は退団したって戻ってくるし、他団体で戦うこともあるし。「プロレス界で辞めたり戻ったりは日常なんだな」と。そこからのちのちストーリーを紡ぐことにもつながるし、そのあたりもプロレスのおもしろさのひとつだと思いますね。

――同大会では当時全日本所属の小島聡選手が川田選手を下して三冠ヘビー級王者となりました。そして、2・20両国でIWGPヘビー級王者の天山選手とダブルタイトルマッチを行ない、60分時間切れ引き分けの直前で小島選手がKO勝ちを収めて史上唯一のダブルチャンピオンに君臨し

2005年2月16日、全日本マットに乗り込んで武藤さんとシングルで初の一騎打ち。あらためて実力差を知る。まさに天と地くらい。[写真提供:週刊プロレス]

ます。その試合直後、棚橋選手をはじめ、新日本の選手たちが小島選手の前に立ちはだかって。殺伐とした雰囲気になりましたよね。あの試合はずっとセコンドで観てましたけど、やっぱり悔しかったですよ。何が悔しかったって、小島さんが退場するときにエプロンから、ＩＷＧＰヘビーだけをリングにポンッて放り投げたんですよ。その瞬間、「コノヤロー！」ってカチンとスイッチ入っちゃったんですよね。俺は滅多にキレないんですけど、60分近く戦い抜いた小島さんに、誰よりも早くうしろから殴りかかりました（笑）。小島さんはこのあと、中邑相手に60分時間切れでＩＷＧＰヘビーを防衛してますけど、単純にスタミナが増したなって思いました。ダブルタイトルマッチのときも天山さんと比べてコンディションが上々だったというか。天山さんの場合はダメージの蓄積はあったと思いますけど。

――棚橋選手は中邑選手とＩＷＧＰタッグ王者として、3・13愛知では中西&スコット・ノートン組を迎え撃ち、最後は棚橋選手のシャイニング・ウィザードから中邑選手の片エビ固めでノートン選手を下しています。

節操ないですねえ、人の技を恥も外聞もなく使うっていう（笑）。

――ノートン選手は長らくエース外国人でしたが、このあと06年にジャイアント・バーナード選手と入れ替わるように新日本を去った印象があります。棚橋選手から見て、どんなレスラーでしたか？

2005年3月13日、愛知でのIWGPタッグ防衛戦で、中西&スコット・ノートン組に勝利。
いま思うと、中邑の負担が大きいタッグでしたね。

俺はノートンさんにはかわいがってもらったんですよ。若手時代にあの人の洗濯係を担当していたこともあって、何かと目にかけてくれて。00年代前半には何度か対戦してるんですけど、ノートンさんの超竜ボム（パワーボム）で完全に記憶が飛んだことありますね。アゴを引いて受け身を取ってるんですけど、叩きつけられた反動で後頭部を打っちゃって。記憶が飛ぶと、その前後30分くらいのことって覚えてないんですよ。そういう経験は後にも先にも、その1回きりで。自分にとってはバーナードとの戦いも重要だったんですけど、それ以前にいかに大型外国人選手と戦うかっていうのを、ノートンさんには学ばせてもらいました。

『NEW JAPAN CUP』初代王者

――このあと、4月19日～24日にかけて〝春のG1〟のキャッチフレーズで企画された『NEW JAPAN CUP』が初開催されます。ただ、この開催時点で、天山選手が小島選手のIWGPヘビーに5・14東京ドームで挑戦することが決定していたため、『NJC』優勝者にベルトへの挑戦権が与えられるのは第2回大会からなんですよね。

そうでしたね。『NJC』が2005年という苦しい時代に生まれて、いまもずっと続いているというのは企画としてスマッシュヒットだったと思いますよ。

――その栄えある第1回で優勝したのが棚橋選手だったというのも、第1回の『G1』で優勝したのが蝶野選手だったように、新たな息吹を感じさせたというか。

この第1回大会はすごく思い出深い大会ですね。とくに広島で永田さんとやった1回戦がいろんな意味で忘れられなくて。俺の勝ちは勝ちなんですけど、とにかくボッコボコに蹴られまくってボロボロでしたから。で、その晩に嫁さんから「病院に行ってくる」って連絡があったんですよ、下のボウズが産まれそうってことで。その翌日、朝イチで新幹線に乗って大急ぎで東京に向かったんですけど、大阪をすぎたあたりで「産まれたよ」って連絡があって（笑）。間に合わなかったですけど無事産まれてよかったですし、そこで「ヨッシャ、優勝するしかねえな！」って気合いが入りましたね。

――その翌日の4・21後楽園で、棚橋選手は金本選手をドラゴン・スープレックスで下します。そして、4・24大阪での準決勝で天山選手に首固めで逆転勝ちを収め、同日の優勝決定戦では中西選手と対峙しました。

このときの相手は金本さん含め、第三世代と呼ばれる90年前半にデビューした選手たちばかりだったんですよね。天山さんもしんどかったし、最後の中西さんとの試合もきつかったですねえ。何やっても効かないんですもん（苦笑）。格闘技ゲームじゃないですけど、こっちが一生懸命に相手の体力ゲージを削っても、いつの間にか中西さんは全回復してるので。スタミナがすごいし、ジワジワ追い詰めるというプロレスのセオリーも通用しないっていう。首をケガする前の中西さんは本当に手がつけられなかったですよ。長州さんは中西さんのことを〝オバケ〟って言ってましたからね。日本人であの体格というか骨格は考えられなかったです。しかも、あの身体でミサイルキックやプランチャも繰り出すし。最後はスリングブレイドでなんとか3カウント取りましたけど、試合後も中西さんはピンピンしてて。あの当時、第三世代と呼ばれる選手たちに説得力のある勝利をするっていうのが、俺にとっては大きな課題でしたね。いまでこそ〝マウンティング〟っていう言葉がありますけど、第三世代には試合で勝とうが負けようが、内容でマウンティングされて。

——そうなると周囲に自分の力を認めさせるのも難しいというか。

そうなんですよ、「今日はおまえが勝ったけど、内容的にどっちが上かわかるよな?」みたいな。当時は強がってたから言えなかったでしょうけど、試合に勝って勝負に負けたっていう部分はありました。

——とは言え棚橋選手は優勝を飾り、新世代としての勢いを見せました。

1・4東京ドームで中邑に負けてU－30を手放しましたけど、また浮上のきっかけをつかみましたね。大会後には優勝パレードとしてオープンカーに乗って大阪府立体育会館のまわりを一周して。当時の関係者に聞くと、最初は「パレードは厳しい」って話だったそうなんですよ。警察

2005年4月24日、初開催の『NEW JAPAN CUP』の決勝戦(大阪)で中西さんを破り初代王者に。NJCの歴史はここからはじまった!

の許可を取るのが相当大変だったみたいで。伝説のパレードをやったという部分でも、あの『NJC』は忘れられない大会ですね。

――オープンカーに中邑選手が同乗していたのもポイントだと思います。自分の先を走っていた後輩を横に従えたというか。

そうか、はじめて棚橋が優勝という結果で、中邑よりも少し前に出た大会だったんですね。また、第1回で優勝っていうのが気持ちいいですよ。「俺からはじまったんだぞ！」って、胸張ってずっと言い続けられますから。

LA、イタリア遠征

――『NJC』制覇の勢いを駆って、棚橋選手は中邑選手と共に5月14日の東京ドーム大会ではレスリング出身の猛者から成るユニット「TEAM JAPAN」の中西&カシン組を相手に、IWGPタッグの3度目の防衛戦を迎えます。

このときは中邑と石澤さん（カシン）がタイプ的に似てるというか、緻密な攻防をすると思ったんで「俺は中西さんを担当したほうがいいな」って役割分担を意識しました。

――カシン選手といえば〝クセ者〟のイメージが強いですが、棚橋選手との接点は？

石澤さんは武藤さんや小島さんと新日本を退団しましたけど、それこそヤングライオンのときなんかは道場のスパーでボコボコにされましたよ。石澤さんと小原（道由）さんがスパーは強かったなあ。ただ、正直なところ、この試合はドームのわりにあんまり記憶に残ってないんですよ。この時期はビッグマッチのカードでも唐突に組まれることが多かったんで、いまに比べて試合までの流れが希薄だったというか。

——たしかに同じ大会では武藤vsロン・ウォーターマンというカードも唐突に組まれてました。

他団体の大物は呼ぶけど、使いかたがもったいない部分はありましたね。ただ、そのウォーターマン戦はおもしろかったんで、「さすがだな、武藤さん」って思った記憶はあります。あと中邑とのタッグで覚えてるのが、俺の車で一緒に会場入りすることがあったんですよ。

——棚橋選手は「中邑とは先輩後輩という関係性だからか、あまりうまくコミュニケーションが取れなかった」と発言されてたので、それは少し意外というか。

俺としては中邑といろいろしゃべりたいと思ってたんで。当時、俺はアウディTTっていう2ドアのスポーツカーに乗ってて。おそらく助手席に乗ったのはレスラーだと中邑くらいだと思います。でも、そんなに距離は埋まらなかったですね（苦笑）。たしか、そのあとに中邑がポルシェを買ったんですけど、「車でも上をいかれたか」って思いました（笑）。

——このドームのあと、新日本の社長が草間さんからアントニオ猪木さんの娘婿であるサイモン・

ケリー猪木さんに代わりました。サイモンさんは社長就任前にLA道場を担当されていたので、現地修行していた中邑選手はそれなりに接点があったそうなんですが、棚橋選手は？

俺はあまり話す機会はなかったです。サイモンさんに対しては好きも嫌いもなく、会社のトップとしていい方向に導いてくれればいいなって思ってました。ただ、サイモンさん独自の意見というよりは、上にいる人の意向を持ってきてるのかなっていう印象はありましたけど。

――当時のLA道場は道場内で自主興行『TOUKON』を何度か開催してましたが、棚橋選手も参戦してるんですよね。

第1回目（2003年6月21日）に出ましたね、それが海外に武者修行に行かなかった俺が、外国でやったはじめての試合で。相手はジミー・アンブリッツっていう選手で、なかなかの異次元対決でしたけど。

――アンブリッツ選手は総合格闘技をベースにした選手ですし、格闘技路線の名残りを感じさせますね。そのほか、当時のLA道場で印象的なものは？

建物がサンタモニカ郊外の倉庫街にあって、道場の隣がお菓子の倉庫だったんですよ。そこにプロテインバーが山ほど積まれてたので、「1個くらい、もらってもわからないかな？」とか思ってました（笑）。あの頃はロッキー（・ロメロ）と、そのパートナー（リッキー・レジェス）がいましたね。まだ、ダニエル・ブライアンはいなかったかな？　プリンス・デヴィットやカール・

アンダーソンがLA道場に入ったのは後年になるので、俺は会ってないです。

――この時期、新日本は6月2～4日にかけて初のイタリア遠征を行ない、3大会が開催されました。

はじめてのヨーロッパだったんで、「いま飛んでるのは中国の上空かな？　ロシアかな？」とか思ってましたね。そのとき、テレビ朝日の撮影クルーも同行して、俺と中邑にフィーチャーした企画とかあったんですよ。

――イタリア人女性に選手たちの写真を見せて、「恋人にするならどっち？」と聞くコーナーですね（笑）。

そうそう、わりと棚橋はイタリア女性のウケがよかったです（笑）。あと、イタリアにせっかく行くんだからと思って、クレジットカードを作ったんですよ。それでブランドのスーツを買ったら限度額に達してしまって、帰ってから嫁さんにカードを没収されました（笑）。あと、街中でフラッと入ったレストランのパスタとピザが抜群に美味くて「本場はヤベーな！」って感動しましたね。試合に関してだと、ちょっと面食らったのが、現地の団体のリングを使用したんですけど、鉄板の上に綿を引いてあるみたいな感じでメチャクチャ硬いんですよ。弾まないし、ここに叩きつけられたらヤバいなって思いました。

――イタリア遠征の3日目にはＩＷＧＰＵ－30無差別級王座決定リーグ戦として、矢野通選手と対峙しました。この時期は中邑選手が返上したU－30の新王者を決めるリーグ戦が開催されていて。

それは俺の望みというよりは会社の意向が大きくて、けっこう急な感じはしましたね。ただ、自分もエントリーされたからには、ここで負けたら後退するような気がしましたし、愛着のあるベルトなので「俺が盛り上げなきゃな」って思いましたよ。ただ、帰国してから『BEST OF THE SUPER Jr.』の開催中にU－30の公式戦も組まれたので、なかなか難しかったのが正直なところですけど。

――棚橋選手は矢野選手のほか、ブルー・ウルフ選手、ハーリー・スミス選手（現デイビーボーイ・スミスJr.）、山本尚史選手（現ヨシタツ）、長尾浩志選手に勝利。全勝で最後の新王者決定戦に進出し、2位の矢野選手を下してベルトを獲得します。

まあ、中邑に負けてベルトを落として、それを中邑がいないなかで争うっていうのは「情けねえな」とは思いましたけど。そのリーグ戦だと、とくにデイビーボーイが印象に残ってますよ。当時はまだ19とかで「若くて大きくて動けるし、しかも血統書つきで将来性の塊だな」って思いました。ブルー・ウルフも強い選手だったし、時代が違えばもっと活躍できた選手ばかりだったと思います。まあ、ヨシタツはいい意味で、いまも昔も変わらなかったですね。なんなんでしょうね、あの根拠のない自信（笑）。アイツは劣等感のスイッチがないというか、自分より運動神経や肉体がすごいヤツがいても、自己愛が強すぎるからか、なかなか他人にジェラシーを感じないんですよね。大物ですよ（笑）。

――ヨシタツ選手は若手の頃、寮の居間で国会中継を観ながら、まわりのヤングライオンに「将来、総理大臣になりたい」と言ったそうで（笑）。

さすがですね（笑）。通常、レスラーって身近に同じ技を使う選手がいた場合、そっちのほうがうまかったら自ずとやめていくもんなんですよ。「これは譲ろう、やる意味がないな」って。でもヨシタツはそういう感覚がないのか、蹴りが自分より得意な選手がいても、ずっと使い続けて。こっちが何かアドバイスしても、彼には響かないですから。同じ岐阜の後輩なんで仲良くはしてましたけどね。リング上のことはさておき（笑）。

第8章 メキシコ遠征

橋本真也への想い

――2005年7月11日に橋本真也さんが脳幹出血で逝去されましたが、その訃報を聞いたときのことを伺わせてください。

衝撃でしたね……。俺自身は橋本さんの体調が悪いという噂を聞いてなかったので、急すぎたというか。橋本さんが新日本を辞めてからは個人的な接点もなかったですし。新日本にいた頃は、同じ岐阜の後輩ということもあってかわいがっていただきましたね。橋本さんの付き人をKENSOさんが務めてたんですけど、「タナも呼べや」って気を遣っていただいて、よくお供しました。地方に行くと、橋本さんの後援者の方が設けてくださった食事会に連れてっていただいたこともありましたし。そこで橋本さんが若手の俺とKENSOさんに「オウ、おまえら、なんかおもしろいことやれ！」ってムチャ振りするわけですよ。とは言え、取り立てて芸もないんで、とりあえずガタイのいい若い男ふたりが、裸になって踊るっていう（笑）。いまほどコンプライアンスもうるさくない時代というか、あの頃だからこそできたことですけどね。

――昭和のプロレスラーという感じですね。

俺は大学時代に京都府立体育館によく新日本の大会を観にいってたんですけど、売店を覗いたらイラストの破壊王Tシャツが売っていて。正直ダサいんですけど「いや、これは一周回ってカッコいいんじゃないか？　前衛的なんじゃないか？」と、同郷の英雄ということもあったので購入して、よく校内で着てましたよ。

――橋本さんの葬儀は7月16日に行なわれ、新日本のレスラーたちも参列しました。

俺も棺を持たせていただいて。あのとき、最後に選手コールを現・福岡市長で、当時はKBG（九州朝日放送）のアナウンサーだった高島宗一郎さんがやられたんですよ。高島さんも橋本さんにはかわいがってもらっていて。

――高島市長は毎年5月の『レスリングどんたく』では、勝利者賞の贈呈などでリングに上がられていますね。

あのときの高島さんの涙ながらのコールが印象的で。橋本さんは40歳で亡くなられたんですけど、その年齢を自分が越えたときに「ああ、橋本さんが亡くなったときより年上になっちゃったんだな」ってシミジミ思いました。

――棚橋選手は息子さんの橋本大地選手（大日本プロレス）と接点は？

彼がプロレスラーとしてデビューしたあと、挨拶を交わしたことはあります。大地も新日本に入ればいいのにって思ったりもしましたけど、最初はお父さんの作った団体（ＺＥＲＯ１）でデビューをして、それはそれで自然なことかなと。いつかお父さんの故郷である新日本と絡んでもおもしろそうですよね。

ノア力皇戦後の覚醒

――棚橋選手は同年の7月18日にはプロレスリング・ノアの東京ドーム大会に乗り込み、力皇猛選手の保持するGHCヘビー級王座に挑みました。入場時にはライオンマークのフラッグを背負い、IWGP U―30のベルトを巻き、団体の代表として挑んだというか。

力皇戦は負けたっていうだけじゃなく、いろいろと反省しきりでした。あのときのドームは超満員だったんですよ。新日本のドームは観客動員で苦戦してた時代でしたし、当時の専門誌も「マット界の盟主が新日本からノアへ」みたいな扱いだったので、一矢報いたかったんですけどね。

――棚橋選手はムーンサルトアタックやドラゴンロケット3連発を繰り出すなど、躍動感あふれる戦いを見せていました。

ドラゴンロケットは藤波さんが東京ドームで天龍さんに連発したのをイメージしたんですけど(96年4月29日)、俺は勢いあまってフェンスを飛び越えて本部席に突っ込んでしまって(苦笑)。鉄柵に打ちつけたのか、そのときに指の骨を折り、右の股関節を剥離骨折しちゃったんですよね。藤波さんもその天龍戦のドラゴンロケットで鼻を骨折されたそうで、そんなところでもドラゴンイズムを受け継ぎました(笑)。でも、力皇戦は骨折に加えて、心までバキバキに折れましたよ。試合中に「アレ？　あんまり会場が沸いてないぞ？」ということに気づき、そこでリズムが狂い

2005年7月18日、ノアの東京ドーム大会で力皇選手のGHCヘビー級王座に初挑戦。いろんなモノを学びました。代償は剥離骨折。[写真提供:週刊プロレス]

ました。いまだから思うんですけど、俺はあの試合のシチュエーションを読みきれてなかったですね。一生懸命やれば観客に伝わるとバカ正直に思っていたというか。いまだったら外敵としてアウェーのリングに乗り込むんだから、それなりの戦いかたがわかるんですけど。

——ガムシャラに立ち向かうだけではなく、ヒールとしての振る舞いということですね。

そうですね。俺がしつこいヒザ攻めとか反則っぽい動きができてれば、ノアのファンもリアクション取れたと思うんですけど、いつもどおりの正統派の棚橋でいってしまって。試合っていうのは戦う前からはじまってるというか、自分の立ち位置をいかにハッキリさせるかが、どれだけ大事かっていうのを学びました。

——力皇選手は11年11月、頚椎ヘルニアが完治しないため引退を発表しましたが、プロレスラーとしていかがでしたか？

元・相撲取り（最高位は西前頭4枚目）ということもあって、張り手が強烈でした。食らったときに「ヤッベ！」って思いましたから。ただ、当時は力皇選手も小橋さんからベルトを獲って間もないからか、まだ王者としてノアのファンにはそれほど認められてなかった気がします。

——実際、この試合はノアの至宝が懸けられたものの、試合順は全10カード中7試合目でした。

試合が進むにつれて、体格で勝る力皇選手に押されてきたんで、最後は丸め込みで勝とうと思ったんですけど、そのまま押し切られてしまって。敵地で「新日本の棚橋はイマイチ」っていう印象を与えてしまったこともあり、あのときはムチャクチャ落ち込みましたねえ。

――それだけ悔いの残る一戦だったと。

このあと、「再戦できるチャンスはないだろうな」って気もして。だったら、どうやって自分をもっと上のポジションに持っていけばいいのか。そういうことを考えはじめたのが、この頃でしたね。「これからの戦いで見返してやる！ もっとTVに出て知名度を上げてやる！」っていう、ひとつの覚醒があって。やっぱり負けた悔しさっていうのは次に進むモチベーションになりますし、この試合は悔しかったと同時にいろいろな気づきがあって、忘れられない一戦です。

「首がこれ以上、曲がりません」

――2005年の『G1』について伺います。同年に開催された第1回『NEW JAPAN CUP』優勝を果たした棚橋選手にとっては、春夏制覇を懸けたシリーズとなりました。

このとき、開幕前にハンディカムのビデオカメラを渡されて「移動中やバックステージとか、『G1』の舞台裏を押さえてください」って言われたんですよ。その映像がDVDで使われて。

――『G1』の戦績ですが、初戦の8・4福岡の矢野戦が時間切れ引き分け。その後、8・6大阪の藤田戦、8・7大阪の中邑戦と連敗を喫し、かなり苦しい戦いとなります。その後、8・8

横浜の吉江戦を皮切りに、8・10静岡の後藤達俊戦、8・11愛知の真壁戦（不戦勝）と3連勝を飾りますが、8・13両国の中西戦で敗北を喫し、結果はBブロック3勝3敗1引き分けで8人中4位に終わりました。このときは開幕前の時点で左手と右股関節をケガし、だいぶコンディションが悪かったそうで。

しかも開幕の矢野との試合で、鬼殺しをフランケンシュタイナーで丸め込もうとしたときに、自分の頭がマットに刺さってシビレがきたんですよ。渡されたハンディカメラで「首がこれ以上、曲がりません……」って自撮りしてますけど、棚橋のフランケンはあれ以来封印してます（苦笑）。そのあとの公式戦はかなりつらかったですねえ。14年の『G1』も開幕戦で飯伏のやり投げで首を痛めましたけど、開幕戦でケガするとメンタル的にもやられるというか。

――このBブロックは藤田選手が全勝、しかも全員を10分以内で下す破竹の勢いで優勝決定戦に進出しました。手負いの身としては相当な難敵だったのでは？

そのとき、藤田さんのヒザ蹴りを食らって途中の記憶が飛んでるんですよ。最後もダウンのカウントの途中で引きずり起こされ、逆片エビで負けて。まさにこの『G1』の藤田さんは「どうだ、俺は強えーだろ？」って感じで相手を叩き潰してましたけど、俺が好きなファイトスタイルではないというか。若手時代はリング外で藤田さんにかわいがってもらったものの、「プロレス観は違うな」って思いました。プロレスの味わい深さが伝わるような、何回も観たくなる試合って

2005年8月4日、福岡での『G1』矢野戦。フランケンシュタイナーで負傷し、本当に首が回らなくなる。

あると思うんですけど、俺の感覚では「こういう試合は1回でいいかな」って。

――棚橋選手は試合の理想として「余韻が残るプロレス」と発言されてますね。

もちろん、藤田さんの場合は立場の違いがあるのはわかりますけどね。フリーとして自分の居場所を勝ち取らなきゃいけないわけで、自分のやるべきことをまっとうしたというか。ただ、レスラーは団体を背負う立場となり、ファンを楽しませたいという意識を持つと、ああいう試合をしなくなるんだと思います。立ち位置により、戦いかたというのは変わるものですから。結果的にこのときの『G1』は、強大な外敵である藤田さんを最後に蝶野さんが必死に止めて、理想的なハッピーエンドになったと思いますよ。

――直前に蝶野選手と同じ闘魂三銃士の橋本さんが急逝されたので、亡き盟友に捧げた優勝というか。ちなみに棚橋選手は藤田戦のあと、満身創痍の状態で、この年の1・4東京ドームに続いて中邑選手と2度目のシングル対決を行ないました。当時のIWGPタッグ王者対決となりましたが、この試合の印象は？

矢野戦の首に続いて、藤田戦では腰を痛めちゃったんですよ。でも、俺が覚悟を決めてドラゴンロケットを出したら、中邑もその心意気を買ったのか、パートナーだからって一切同情せず、容赦なく攻め込んできて。最後に中邑が肩を貸してくれて一緒に退場したとき、アイツのいろんな気持ちが伝わってきました。

2005年8月7日、大阪での『G1』で中邑に敗戦後、肩を借りて退場。タッグ王座を持ちながらの対戦でしたね。

CMLLルチャ修行

――この『G1』のあと、8月29日から棚橋選手は中邑選手と共に1か月に及ぶメキシコCMLL遠征に旅立ちました。

自分のキャリアでもそれだけの長い期間、海外遠征したのは珍しいですね。俺は若手時代に海外修行に行けなかったんで、このときはかなり楽しみでした。小林邦昭さんをはじめ、メキシコを経験した人たちに「必ず一度は腹を壊す」って言われましたけど、ワクワクのほうが勝ってましたよ。当時はまだ『CMLL FANTASTICA MANIA』も開催されてないですし、ルチャ・リブレっていうものをよくは知らなかったので、異文化交流じゃないですけど。

――棚橋選手とルチャの接点という部分では、若手時代の00年7月11日の岩手大会で、スペル・エストレージャ（ルチャのスター選手）であるネグロ・カサス選手から殊勲の勝利を奪っています。

あの頃の俺はいまより身体も大きくてパワーがうまくハマッたのか、最後はハーフハッチ（スープレックス）で勝っちゃったんですけど、当時はネグロさんがどのくらいメキシコで大物かも知らなかったんですよ。のちに「ウワッ、スゴいことやったんだな！」って驚きましたし、このときのCMLL遠征で大声援を送られるネグロさんを観て、あらためてそれを実感しました。

——ＣＭＬＬ遠征は中邑選手とふたりというのも心強かったのでは？

そうですね。あと、ネコさん（ブラック・キャット）がずっと付いてくれたんですよ。現地コーディネーター兼セコンドみたいな感じで。だから、言葉の問題もなかったし、段取りは全部スムーズで異国の地での〝サバイバル感〟みたいなものはなかったです。それと当時は情報が少なくて、現地のファンも俺たちのことをそんなに知らなかったと思いますけど、ＣＭＬＬはわざわざ俺と中邑のために特別なルチャのクラスを組んでくれて。

——ＣＭＬＬでは常設会場でさまざまなルチャのクラスが開講されてるそうですが、ふたりのためのクラスを用意してくれたと。

そこでエストレージャに混じってルチャの基礎を学びました。でも、中邑がうまく順応するのに比べて、こっちは微妙でしたね。俺、ネックアップ（仰向けの状態から手を使わず、首と足の反動で跳ね上がる）が一度もできたことがないんですけど、そういう細かい動きがルチャには随所にあるんですよ。

——ネックアップは往年のダイナマイト・キッド、いまだと飯伏選手が試合中に時折出しますね。

どうしてもできるようになりたくて、ヤングライオン時代にけっこう練習したんですけど、結局あきらめて。それをメキシコでまた思い出したというか、せっかくのルチャのクラスも、序盤のマット運動でヘソを曲げました（苦笑）。まわりからは「コイツ、なんでこんな基本的なことできねえんだよ」って目で見られてたと思いますよ。一応、ハンドスプリングやバク転はできたんですけど、ネックアップはダメでしたねえ。一方の中邑は何でも器用にこなして、楽しそうに取り組んでて。あと、中邑はルチャドールたちから、ちょっと尊敬の眼差しを受けてたんですよ。総合格闘技でも結果を残してるっていうのが、彼らにも伝わってたらしくて。

――00年代のはじめにドス・カラスJr.など、ルチャドールが日本の総合格闘技イベントに出場していたので、中邑選手に興味があったのかもしれないですね。

ルチャのクラスが終わったあと、ルチャドールたちは中邑に「サブミッションを教えてくれ」って頼んで、ジャベ（メキシコの関節技）との技術交流が行なわれてましたよ。それを横目に俺はひとりスネるっていう（笑）。ルチャの難しさや奥深さを感じましたね。

――CMLL遠征の初戦は9月2日（現地時間）、アレナ・メヒコで中邑選手とアベルノ選手とのトリオで、ネグロ・カサス&ドクトル・ワグナーJr.&ドス・カラスJr.組と3本勝負で対戦しています。1対1で迎えた3本目に、現地修行中だった田口隆祐選手やOKUMURA選手が乱入して反則負けとなりますが、初戦から会場を大いにヒートさせたそうで。

ルード（悪玉）のこっちにはブーイングが送られるわけですけど、日本でやってきたことと正反対だったんで新鮮に感じましたね。ファンの応援もノリがサッカーに近くて、こっちも熱気に乗せられるというか。そういえば、俺と中邑が組んで、ドス・カラスJr.と誰かとの試合のときに、

メキシコ遠征の初戦では中邑とアベルノとトリオを結成。中邑との楽しい思い出が、少しあります。[写真提供:週刊プロレス]

こっちが入場してリングに上がった段階でようやく相手チームが会場に着いたってことがありましたね（笑）。ダブルヘッダーだったのかわからないですけど、車からコスチュームのまま、リングに上がってきて。

――日本ではちょっと考えられないというか。試合で印象的だったルチャドールは？

ネグロさんの現地での愛されっぷりがすごかったです。『CMLL FANTASTICAMANIA』に来てる選手だと、ウルティモ・ゲレーロやアトランティスも活躍していて。ミステル・アギラに会ったときは「オッ！」って思いましたね。大学生時代に京都のKBSホールにCMLLの大会を観にいったとき、アギラのマスクが格好よくて買ったことがあったんで、「本人だ！」って。リング外だと、ルチャ独特のルーティーンにはカルチャーショックを受けましたね。さっきのドス・カラスの話にも通ずる話なんですけど。

――試合前に関することですか？

はい。新日本だと会場に着いたら準備運動をして、開場時間になってからコスチュームに着替えて、自分の出番まで待つわけですよ。でも、彼らは自分の試合がはじまる2、3試合前にやっと会場入りするのがあたりまえで。しかも試合をしたらパッて帰っちゃうんですよ。場合によっては会場に1時間くらいしかいなかったりするんで、「なんなんだろ、この人たちは？」って驚きました。プロのルチャ集団というか。準備運動もしなかったりしますからね。それなのにマットが敷いてない場外に向けて空中技を繰り出すことにビックリして。単純にウォーミングアップはナシっていうのが、文化として根付いてるんだろうなと思いましたけど。

――棚橋選手も向こうではルチャ寄りというか、空中技を繰り出したわけですか？

はい。メッチャ飛んでやろうと思って、助走を十分に取ってドラゴンロケットをやったんですよ。そうしたらおもいっきり足がロープに引っかかって失敗して、それを向こうのＴＶ中継でスロー再生されるという辱めを受けました（苦笑）。ルチャっていうのはプロレスの基本的な動きも、ほかの国と違うんですよね。日本やアメリカ、ヨーロッパなんかはロックアップのときに左手で相手の首を取りにいくんですけど、ルチャは逆でまったく異なる技術体系というか。タッグマッチだと交代のときにタッチもないですし、ずっと戸惑ってました。リングに入るタイミングもわからないんですよ。６人タッグでリング上のふたりが場外戦に雪崩込んだとき、中邑と目を合わせて「どっちが行く？」みたいな（笑）。

「中邑と仲良くなりたい」

――中邑選手は昔から海外遠征を楽しんでたイメージがありますが、棚橋選手からご覧になっていかがでしたか？

エンジョイしてたと思いますよ。彼はＬＡ道場にいた時期も長かったし、ブラジルとか北朝鮮とかほかの国にも試合で行ってたからか、「遠征、慣れてんなあ」っていうたくましさを感じました。俺、このときはせっかく中邑とふたりの海外遠征だし、「もうちょっと仲良くなりたい」っていうミッションを自分に課してたんですけど、その目的は果たせなかったですね（笑）。メシに何度か誘って行ってるんですけど、なかなか距離感は変わらなくて。あとはメキシコシティからグアダラハラまでバスで7時間くらい一緒だったのに、それでも打ち解けることができず。やっぱり3年のキャリアの差は埋めがたいのか、中邑が先輩であるこっちに、どこか一線引いてましたね。試合以外の気軽な会話まで持っていけなくて。まあ、その緊張関係がのちのち濃いライバル関係に昇華したというか、あそこで仲よくなりすぎなかったのがよかったのかなという気はしますけど。中邑はメキシコでは、修行中だった同期の田口（隆祐）と仲よくしてたんじゃないですかね。

――メキシコでは当時大学生だったＫＵＳＨＩＤＡ選手とも遭遇されてるそうですね。

アレナ・メヒコのルチャ教室でクッシーに挨拶されたのを覚えてますよ。俺は中邑と参加した上級者クラスの授業についていくのがしんどかったんで、ルチャドールを目指す若者たちのための初級者クラスから出直すことにしたんです。いつもサンドイッチを頬張ってるグラディアドールっていう先生に習ってたんですけど、そこにクッシーもいて。俺はそのときは挨拶程度だったんですけど、中邑は彼に「どうせプロレスやるなら新日本に入ったら？」って声かけてるんですよね。

――結局、KUSHIDA選手は帰国して06年に『ハッスル』に入団しますが、その後は『SMASH』を経て、11年3月に新日本に移籍します。KUSHIDA選手の『SMASH』ラストマッチ（3・31後楽園）では、棚橋選手が会場まで迎えにいって。

当時はメキシコのことを思い返して、「縁っていうのはつながるんだな」って不思議なものを感じましたよ。縁っていえば、そのときにナウパルカンの闘龍門のジムにいたオカダ（・カズチカ）とも会ってるし。中邑や田口と闘龍門に練習に行って、そこで「ひょろっこい子がおるなあ」と思ったら、のちのち新日本に移籍してきて俺の前に大きく立ちはだかるんですけど。

――オカダ選手は当時から光るものは感じましたか？

あの頃はまだ「背が高いな」くらいですかね、「ヤベーな、コイツ！」みたいなのはなくて。まだ、オカダも17歳とかでしたからね、あどけなかった印象で。たぶん、そこからまた身長も伸びてるんじゃないかな。個人的に闘龍門のジムに行くのは楽しかったんですよ。合宿所で白米を炊いてるんで（笑）。でも、俺は好き嫌いがないので、メキシコ料理もおいしく食べましたよ。アレナ・メヒコを出たところに屋台のメキシコ料理屋があって、そこがルチャドールの溜まり場なんですよ。そういう現地の文化に触れながら食事するのも楽しかったですね。

ウルティモ・ドラゴンさん主宰の闘龍門ジムにも足を運びました。オカダとはじめて会った日。さわやかでした。[写真提供:週刊プロレス]

――ルチャドールが集まっていたら、ファンは大騒ぎなのでは？

いや、みんなマスクをつけてないので、ファンは意外と誰が誰だかわからないんですよ。いまはCMLLも『CMLL FANTASTICA MANIA』に来たエウフォリアとか、デカい選手もそこそこいますけど、当時は大きい選手は少なくて。体格の話で言うと、俺は現地のルチャドールたちに「おまえ、絶対アナボリコだろ？」ってよく言われましたね。要するにアナボリック・ステロイドを使ってるんじゃないかって（笑）。そのたびに「いやいや、俺は〝ナトゥラレ〟（自然）だよ！」って否定してましたけど。

――肉体美ゆえにドーピングを疑われた、と（笑）。ほかにこの遠征でのエピソードは？

CMLLの常設会場のアレナ・メヒコやアレナ・コリセオのほかに、たまに地方の会場で試合が組まれるんですけど、そこでの俺らに対するブーイングが半端じゃなくて。目が細い東洋人を意味する「チーノ！」って野次だけじゃなく、売店で売ってる骨付きチキンの骨まで大量に飛んできましたから。そういうとき、中邑は肝座ってるなって思いましたよ。逆に客席を煽ったりしてたんで。

――この遠征の締めくくりとして、9月30日（現地時間）にはアレナ・メヒコでロス・ゲレーロス・デル・インフェルナレスのレイ・ブカネロ＆オリンピコ組を相手にIWGPタッグの防衛に成功しました。

そのときは対戦相手のウルティモ・ゲレーロが、急遽オリンピコに交代になって。三本勝負で防衛戦をやったのははじめてだったんですけど、遠征の集大成ということで中邑とも連携攻撃をいろいろ出しましたね。ダブルの腕ひしぎ逆十字とか。ゲレーロスも人気がすごかったのを覚えてます。あと、忘れられないのがエクトール・ガルサっていう選手で。

――ガルサ選手はのちに11年の1・4東京ドームにも参戦しますが、13年5月に肺ガンで亡くなりました。

ガルサは顔もダンディで肉体もカッコよくて、まさに伊達男っていう感じでしたね。俺はスペイン語が話せないのに、わりとガルサとはコミュニケーションを取りましたよ。また、彼はしゃべり口もソフトで紳士的というか。「同性にも優しい……これはモテるわ」って思いました（笑）。まあ、このときのメキシコ遠征は若手の海外武者修行という感じではなかったですけど、リング内外でいい刺激を受けましたよ。ルチャに触れた濃厚な1か月を通して、「俺はやっぱりプロレスが好きだな」っていうのを再確認しましたね。

――帰国後、棚橋&中邑組は05年の10・8東京ドーム大会で、当時『ハッスル』を主戦場としていた川田&安生洋二組と対戦しますが、このカードが決まったのは大会2日前でした。

いまじゃ考えられないですよね、ビッグイベントなのに。しかも、メキシコ遠征の成果というか、身につけたルチャの技術をぶつけるような相手でもなくて。ただ、あのときの川田&安生組

遠征ラストはIWGPタッグの防衛に成功。叶うなら、またメキシコ遠征に行きたいなあ。[写真提供:週刊プロレス]

は『ハッスル』を封印してきたんですよ。

——相手チームは『ハッスル』の世界観のようなコミカルな部分を出さず、とくに棚橋選手と川田選手は真っ向勝負となって。

まだ当時の俺は〝ストロングスタイルの呪い〟にかかってた部分があると思うんですよ。俺はいち早くその呪いから解けるわけですけど、その頃はまだ他団体の選手と戦うときは「新日本の戦いはこういうものだ」っていう、こだわりはあったと思います。

——このあと、現場監督に復帰した長州さんが、改革の一手としてまずはリング上をリセットするとばかりに、各ユニットの解体に着手しました。

そういう流れがあったのと、蝶野&天山組に負けてIWGPタッグを落としたこともあり（05年10・30神戸）、俺と中邑もタッグを解消して。あの長州さんの強権発動でかわいそうだったのは矢野通でしたね。それまでヒロ斎藤さんや後藤達俊さんに師事して、金髪姿で一升瓶を抱えてたのが、いきなり黒髪に黒いショートタイツの正統派に戻って（笑）。まだ若手に毛が生えたくらいだし、言われたとおりにするしかないんですけど、当時の矢野と一緒に酒を飲んだとき、愚痴ってた記憶があります。

——矢野選手は05年11月3日から4か月間、いわゆる田吾作スタイルから正統派に戻りました。矢野選手の著書によると、長州さんに言われて黒髪にしたのに、その4か月後には「あれ？　なん

2005年10月8日、東京ドームで中邑とのタッグで川田＆安生洋二組と対戦。中邑の新日本愛の深さを感じた試合でした。

でそんな格好してるんだ？」と不思議がられたそうで。

ガツンと言った本人が忘れてたと（笑）。ホント、その時期は会社もトライ＆エラーだったんだと思いますよ。そんななかで、俺自身は長州さんにチャンスを与えてもらった側なので。長州さんとは鹿児島かどこかで、サシで焼き鳥を食べにいった記憶もありますね。あまり俺と長州さんの接点って見えないかもしれないですけど、節目節目でお世話になってますし、俺にとっては人生の恩人のひとりだと思ってます。

ユークス体制の申し子

――棚橋選手は中邑選手とタッグを解消する際、「組むことは二度とない。競い合ってこそ意味があると思う。なぜ組んだかというとお互いのベクトルが同じ方向を向いていた。ほんの少し人生が交差しただけ」と発言されています。

『人間交差点』みたいなこと言ってますね（笑）。俺としてはタッグを組みながらも、中邑とはIWGPU－30のタイトルマッチや『G1』で負けてましたし、ライバル心は失ってなかったんで。神戸でIWGPタッグを落としたときに、俺と中邑はべつべつに花道を引き上げてるんですよね。

――まさにそれぞれの道を歩むという決意を示す象徴的なシーンというか。その後、棚橋＆中邑組は11・3後楽園で永田&中西に勝利し、正式にタッグにピリオドを打ちました。実質的に1年に満たない活動期間でしたが、振り返っていかがですか？

あのタッグは青春でしたよ。まだ、ふたりとも二十代で、発展途上でギラついてる部分もあって。いまのほうが仲いいんですよね。どこかで会うと記念撮影をしたりして（笑）。まあ、若い頃からタッグを組んだり、シングルをやったりっていうのが積み重なり、結果的にお互い相手の信頼を得たのかなとは思いますね。

――このあと、11月14日に株式会社ユークスが、猪木さんが保持する新日本プロレスの株式の51・5%を取得し、新たにオーナー会社となりました。その発表会見で、当時のサイモン猪木社長は「ある企業が新日本を敵対的買収に動き出してる情報が入り、昨年よりデジタルパートナーとしてタッグを組んでいるユークスさんに相談させていただいた」とコメントしています。

「新日本がそろそろヤバいらしい」っていう声も聞こえてくるなか、ユークスさんに危機を救ってもらったと。最初は親会社が代わるということがどういうことなのか、正直わかってなかったですね。だから「いままでどおりにプロレスをやっていけるのかな？」という不安はありました。

――ユークス体制になり、その変化はどのあたりに感じましたか？

まず、ユークスさんはリング上に関しては一切、口を出してこなかったんですよ。現場に任せてもらえたからこそ、何も変わらずにプロレスに取り組めて。ユークスさんの果たした大きな役割としては会社内部の改革、経営の健全化というか。ユークスさんとしては自分の会社がプロレスのゲームで大きくなったという恩義があったそうで、本当に新日本を救済してもらいましたよね。あれこそが無償の愛だったと思います。あのときにユークスさんが手を上げてなかったら、プロレスの歴史が大きく変わってたと思いますし。いま振り返ると棚橋弘至は〝ユークス体制の申し子〟というか。

――たしかにユークス体制だった05～11年は、棚橋選手がエースとして大きく躍進した時期に当たります。

ユークス体制の始動時は、まだＩＷＧＰヘビーも巻いたことがないし、実力が伴ってなかったですけど、次第に認められていったというか。俺のなかではユークスさんに対する恩義はメチャクチャありますね。

HIROSHI TANAHASHI
HIGH LIFE

第9章
「俺が新日本を引っ張ります」

1976-2009

「うるせえ、ブッ殺すぞ！」

——新日本プロレスにとって激動だった2005年ですが、この年を締めくくる一番として、棚橋選手は12月25日に後楽園で行なわれた『夢☆勝ちます』で、IWGP U－30の初防衛戦として後藤洋央紀選手を迎撃します。この年、後藤選手はヤングライオン杯に優勝したのち、CTUに加入。海外武者修行に向かう前に、田中稔選手とIWGPジュニアタッグを戴冠し、ヤングライオンから脱却しつつあったというか。

成長著しい後藤を迎え撃ったと。そのとき、試合内容よりも覚えてるのが、野次がひどかったんですよ。べつにその頃はまだそこまで野次られるような立ち位置じゃなかったと思うんですけど、入場時にかなり過激なことを言われて、思わずカチンと来て。

——当時の専門誌の試合レポートによると、棚橋選手は試合中もその野次が飛んだ客席を何度かにらみつけて不機嫌そうだったと。そして、試合も冷徹な雰囲気で攻め立て、殺伐としたものになったそうで。

後藤はいい飛ばっちりですね。まあ、その頃からアンチ棚橋はいたというか。たしか、お客さんに何かを言われて、俺も「うるせえ、ブッ殺すぞ！」って言い返したんですよ（苦笑）。いまの棚橋からは想像できないと思うんですけど、1年の締めくくりなのに〝太陽の天才児〟らしくな

2005年12月25日、後楽園で行われたU-30防衛戦で後藤に勝利。盛り上げられず、客席に暴言を吐く始末。大反省。

い物騒なことを言っちゃいましたね。その試合後、中邑がフォローしてくれたのを覚えてます、後輩に気を遣わせてしまって（苦笑）。あの頃は会社もバタついてた時期ではあったので、どこかでストレスを感じてた部分が出ちゃったのかもしれないですね。

――後藤選手は中邑選手や田口選手らと同じ2002年入門組となります。そのほか、この年代はヨシタツ選手や、引退した長尾浩志選手や安沢明也選手など豊作だったイメージがありますが、棚橋選手から見た2002年組の印象は？

やっぱり、中邑は別格感がありましたよね。でも、道場の練習を見てると基礎体力がいちばんあったのは田口で、何をやってもヘバらないスタミナにはビビりました。その田口と後藤が入門当時からプロレスセンスでは長けていて。中邑はスーパールーキー扱いでしたけど、彼らのことは認めてたと思いますよ。長尾はプロレスの動きになかなか慣れなかったですけど、元バレーボールの実業団の選手ということで、身長が高くてジャンプ力もあったんで「すごい逸材が入ってきたな」って思ってました。で、ヨシタツは……とくにありません（笑）。

――02年組の素顔という部分ではいかがですか？

田口は完全にネコ被ってましたね。「なんて真面目な子なんだろ？」って思ってたんで、スッカリだまされました（笑）。彼らが入門した頃に俺は寮長だったんですけど、見ていておもしろかったのが、ヨシタツの中邑に対するライバル意識の高さですね。一方の中邑の眼中にヨシタツは入ってなくて、お互いを認め合ってないというか。田口がふたりの潤滑油みたいな存在でした。やっぱり田口はスマートというか、その個性派揃いの2002年組のなかでも、みんなと万遍なく接してたと思いますよ。とくにヨシタツの扱いかたというか、あしらいかたがうまかったです（笑）。とりあえずヨシタツは褒めておけば上機嫌なんで。彼の自信家ぶりは当時からすごかったですけど、実績がないんで何ひとつ共感できないんですよ。そこが中邑からしてもツッコミポイントだったんだと思いますけど。でも、のちにヨシタツもWWEで名を挙げ、いまは中邑が同じWWEで活躍してるっていう。いがみ合ってたふたりが、時期は違えど世界最高峰と呼ばれる団体に上がってるのはおもしろいですね。

――そもそもヨシタツさんが2008年に新日本を退団したのは、棚橋選手と中邑選手を超えるために、WWEで揉まれようと思ったのがきっかけだったそうです。ちなみにアントニオ猪木さんが2010年にWWEの殿堂入りを果たしたとき、ヨシタツ選手は現地でお会いになっていて「猪木さんに『いちばんデキの悪いのが、いちばん出世したな』って言われたのがうれしかった」と発言されてました。

ヨシタツ本人は中邑を追い抜いたと思ったんじゃないですか？　まあ、いまや中邑はWWEでベルトを巻いて、実績で上をいっちゃいましたけど。そういえば、俺も寮長として「中邑とヨシタツの仲を取り持たないと」って思って、ビールとか酎ハイを買ってきて「みんなで飲もうぜ！」

って、寮の食堂にヤングライオンを集めたことがあったんですよ。でも、酒の勢いもあり、中邑とヨシタツが互いに「おまえは認めない」って言い合ったりして、イヤな緊張感が漂うっていう。よかれと思ってやったのに、逆効果になりました（笑）。

――ヨシタツ選手が怒られ役だったというのはよく聞きますが、寮長だった棚橋選手も指導を？

いや、俺はけっこうヤンチャだったんで、寮にあまりいなくて（笑）。〝寮長代行〟として矢野がガツンと教育してたみたいですね。練習も私生活の面でも厳しくて、「俺、矢野の後輩じゃなくてよかった～」って思いましたもん（笑）。でも、俺は矢野とは育ってきた環境も性格的にも違うんですけど、なんかウマが合ったんですよね。飲むにしろ何にせよ、一緒にいてすごく楽しいというか。あの男はコミュ力が高いですから。

――では、当時の後藤選手の様子は？

中邑やヨシタツからは「絶対にトップを獲ってやる！」っていうものをヒシヒシと感じましたけど、若い頃の後藤は内に秘めてたのか、野心をムキ出しにするっていうタイプではなかった気がします。田口なんかも「エル・サムライさんみたいに細く長くキャリアを積んでいければ」って言ってましたね。

――長尾選手は06年1月に新日本を退団し、『ハッスル』に移籍しました。

長尾は身体的な素質はすごかったですけど、いわゆる〝ナマクラ〟だったんですよ。そこはプロとしての各自の姿勢なんで、あんまり俺もとやかく言わずに見てたら、結果的に新日本を去っていって。ただ、俺が2002年組のなかでプライベートな部分で話が合ったのは長尾なんですよね。先輩を先輩と思ってなくて、たまにこっちが注意しても「勘弁してくださいよぉ～」とか、反省してる感が全然なくて（笑）。体格で恵まれると、努力しても手に入らないものを持ってるってことなんで、がんばる量が変わってくるのかなっていう気はしますね。わりと新日本は高身長の新弟子が入ってきても、長く続かない傾向もあって。新日本プロレスが好きだったら「一旗上げてやる！」って気持ちになると思うんですけど。きっと、『ハッスル』から提示された条件がよかったんでしょうね。

――安沢選手も06年1月に退団しますが、棚橋選手は自著で「安沢が辞めたのは辛かった」と書かれてましたよね。

安沢はヤングライオンらしいヤングライオンだったというか、個人的にも買ってた選手だったんで、めちゃくちゃショックでした。彼も好きで入った新日本なのに、夢を見ることができなくてリングを下りたというか。安沢の退団は俺にすごくスイッチを入れましたよ、「もっと新日本のステータスを上げないと！」って思いました。2002年組は粒揃いというか、現役の連中はそれぞれが確固たる地位を築きましたね。田口なんか、ここ数年はずっと旬というか、安定飛行というか、本人が若手時代に思い描いたとおりのキャリアになってるんじゃないですかね（笑）。いまも昔も変わらず、頼もしい後輩たちだなって思います。

〝外敵〟柴田との対抗戦

――2006年の1・4東京ドームで、棚橋選手は柴田選手と一騎打ちを行ないます。柴田選手はビッグマウス・ラウドを主戦場に活躍し、このときは1年ぶりに〝外敵〟として参戦しました。

その試合は最初から最後まで、こっちがボコボコに蹴られまくって負けてしまって。俺のイメージ的には藤波辰爾vs前田日明というか、受けて受けて最後にこっちが逆転勝ちすればよかったんですけど、勢いで持っていかれてしまったというか。

――この一戦は当時の現場監督だった長州さんと、ビッグマウスの上井さん（元・新日本のフロント）のラインで実現したそうですが、柴田選手は戦前からこの試合について何もコメントを出さず、試合後もノーコメントでした。退団して1年足らずで上がることに複雑な思いがあったのかもしれませんね。

ああ、なるほど。俺も柴田との試合は若手時代も含め、覚えてるものが多いんですけど、このときはドームっていう大舞台にも関わらず、そこまで印象に残ってないのは、お互い気持ちの面で高められないところがあったのかもしれないですね。

――新日本を退団以降の柴田選手はビッグマウスのほか、ノアに乗り込んでKENTA選手とタッグを組んでいました。そういった動きは気になりましたか？

いや、当時は自分のことで一生懸命だったんで、追っかけてなかったと思います。自分もまだIWGPヘビーを巻いたことがないなか、とにかく目の前の試合をこなすのに精一杯で。まだ会社も不安定でしたし。

――たしかにこの1月の契約更改で、10人以上の選手が新日本を退団しました。

そのときはスタッフさんも大勢辞めていきましたからね。みんな、「ここにいても未来がないな」と思って、去っていくわけじゃないですか。けっしてプロレスというジャンルが嫌いになったわけではなく、それぞれの生活のために苦渋の決断をした人もいたでしょうし。安沢もそうですけど、好きで入ったプロレスの世界なのに、なぜ辞めないといけないのか。「俺がもっと会場にお客さんを集められる存在だったら、こんなにレスラーも辞めなかったし、スタッフさんも仕事を続けられたのにな」って痛感しましたね。俺の性格的なクセというか、悲劇のヒーローぶるところもあって、「自分自身が不甲斐ないな」って思ってましたよ。

――このときに退団した選手の多くは、のちに無我ワールド・プロレスリング（現ドラディション）の旗揚げに参加しますが、さまざまな選手に声がかかっていたそうで。

そういうウワサはチラホラ聞いてましたけど、俺は誘われなかったです。「ああ、俺は声かかんねえんだな」って（苦笑）。退団者のなかでは吉江さんは意外でしたね。俺には吉江さん自身が新日本での生活を楽しんでいるように映ってたんで「エッ、辞めるの!?」って驚きました。あの人は安定を求めるタイプだと思ってたんですけど、ある種の冒険心というか、ほかで一旗上げようっていう野心がある人だったんだなって。

——この1月には、棚橋選手が若手時代にお世話になったブラック・キャットさんが亡くなられました。キャットさんは新日本とCMLLの架橋ということで、毎年『CMLL FANTASTICA MANIA』ではメモリアルマッチが行なわれ、棚橋選手は毎回出場されていますね。

ネコさんが亡くなられたのはショックでしたねえ……本当にかわいがっていただいたので。何か自分でできることがあればというか、新日本にネコさんと縁のある選手が少なくなってきたなか、俺はそのご家族に毎年、新日本のジャージをお渡しする役目をやらせてもらって。

——キャットさんとのいちばんの思い出は？

入門したての頃にネコさんに「アナタ、ヘビー級でやりなさいよ」って言ってもらったことですかね。もともとそのつもりではあったんですけど、ネコさんの一言で自分の考えに間違いはないなって、一段と決意を固めて。そのときに一応「なんでですか？」って聞いたら、ネコさんが指でお金のジェスチャーをして「コレが違うよ」ってニヤリとされたのも覚えてます（笑）。

中邑に初勝利

――この年の2・5月寒のメインでは、中邑選手との3度目の対決が実現します。この試合は大会5日前に緊急決定しました。

たしかに唐突感はありましたね。流れもないなかで組まれて、さらにセミの長州さんと曙さんの初タッグのほうが注目を集めて、歴代の中邑vs棚橋のなかでもけっこうキツいシチュエーションだったというか。動員が厳しいなか、急遽テコ入れとして中邑vs棚橋が組まれたと思うんですけど、それでもキャパの半分くらいしか入らなくて。まだ、このカードがブランドとして確立してないというか、地方まで伝わってなかったんでしょうね。

――ただ、結果は棚橋選手がドラゴン・スープレックスで中邑選手から初勝利を収めましたし、キャリアのなかでも大きいものだったのでは？

そうですね。でも、お互いに意地の張り合いで、試合のリズムが全然合わなかったのを覚えてます。手応えがあまりないなか、なんとか結果だけは残して。いま思うと最初の頃の中邑戦は、なかなか波長が合わなかった気はしますね。08～09年あたりから手応えをつかみ出して、15年の『G1』の優勝決定戦が集大成だったというか。徐々に無駄なものが省かれ、研ぎ澄まされていった感覚はあります。

2006年2月5日の月寒にて、3度目のシングルで中邑に初勝利。試合後、うれしさのあまり雪に突っ込む。

――この試合後、棚橋選手はバックステージで「俺は中邑に勝った。その結果、俺が新日本を引っ張ります。これはウソじゃない。次のシリーズから俺が新日本を引っ張っていきます」と決意を表明します。

この年の1・4東京ドームで、ブロック・レスナーが中邑を相手にIWGPヘビーを防衛してたんで、「自分が取り返さなきゃいけない」っていう使命感みたいなものがあったんでしょうね。自分の前を走っていた中邑にはじめて勝って、そういう意識が芽生えてきて。

――そのIWGP挑戦に向けたひとつのハードルというか、2・19両国では永田選手との一戦が組まれます。試合は永田選手の怒涛の攻撃をしのぎ、最後は棚橋選手がドラゴン・スープレックスから強引にエビ固めで押さえ込んで勝利しますが、試合後は内容に納得いかなかったのか、かなり荒れたそうですね。

トイレのドアを蹴ったりしたらしいですね。試合で納得いかなかったのかもしれないですけど、いまとなっては自分が未熟だったってことですね。俺はホントに永田さんに鍛えられたというか、あの人との戦いがなかったらいまの棚橋弘至はないと思ってるんで。

――以前、中邑選手が「俺と棚橋弘至は永田裕志から逃げなかった」と発言をされていて。

それは俺も思います。俺だったら自分より若いヤツと戦うときは、「いいところを引き出して、逆転勝ちしてやろうかな」とか考えるんですけど、永田さんはとことん潰しにくるので、自分で

2006年2月19日、両国で永田さんに勝利。永田さんとの試合は、どれもキツかったなぁ。

突破口を見つけないといけなくて。これは少し前の〝新日本あるある〟なんですけど、自分よりキャリアのない選手に負けたときに、そそくさとリングを下りて帰っちゃうっていう。仮に俺が下の選手に負けたら、もちろんダメージもあるし、敗者としての姿を見せたほうがいいなって思うんですよ。そのほうが、自分もファンも次に勝ったときの喜びも大きくなるでしょうし。

——次に繫がるような振る舞いですね。

でも、そのときの試合で永田さんは、俺が勝ってるにも関わらず、こっちの右手をあげたわけですよ。通常その行為は勝者が敗者の健闘を称えるときにやるわけで、「これじゃ、どっちが勝ったかわからない」というか。だから、俺が試合後に荒れたっていうのは、きっと「なんだよ、コレ！」っていうフラストレーションが爆発したんだと思いますね。結果は勝ちでも試合内容で負け、試合後もそんなことをやられ、いまの言葉で言うならマウンティングをされたと。でも、そういう悔しい思いをしたからこそ俺も成長できたので。それに永田戦でキックをさばくことや、足攻めを身につけたことで、いまの棚橋のファイトも生まれたというか。あのときは「クソーッ！」って思いましたけど、いまとなっては永田さんには感謝してます。

ガッチリモッコリ『WRESTLE LAND』

――2006年5月13日、新日本の新たなプロジェクトとして、『WRESTLE LAND』が新宿FACEで初開催されました。

ああ、懐かしいですね。当時、『WRESTLE LAND』と『LOCK UP』が同じような時期にはじまって。

――『LOCK UP』が長州さんプロデュースのゴツゴツした攻防が売りの興行だったのに対し、『WRESTLE LAND』は〝プロレスハッピーランド〟をキャッチフレーズに、当時の新日本の本戦では観られないような、試合の合間にスキット映像を取り入れたり、個性の強い選手が登場したりとエンターテインメント色が強いのが特徴でした。07年の5月まで、通算9大会が行なわれましたが、そのなかで棚橋選手はエース格だったというか。

そのはずだったんですけど、途中で自分がケガしたこともあってか、最終的には中西さんがおいしいところを持っていって『中西ランド』になっちゃいました（笑）。あの大会は、まさに観客動員で苦しんでいた時代のトライ＆エラーでしたね。開催期間は短かったですけど、演出面の部分でいまの新日本に活かされている部分もありますし。このイベントがスタートするときにまず決めたのが、新日本の本戦ではロングタイツなので、逆に『WRESTLE LAND』では新日本の象徴である黒のショートタイツを履くっていうことで、棚橋流の謎かけというか。と言いつつ、べつに深い意味はなくて、「黒のショートタイツなら本戦で履けよ！」っていうファンのツッコミ待ちだったんですけど（笑）。あとは本戦との差別化ということで、オールアウト（変型のロックボトム）とか普段使ってない技を出して。

――『WRESTLE LAND』の基本的な軸は、レッスルランド軍と星野総裁率いる新生・魔界倶楽部の対抗戦でした。そのほか、邪道&外道のパートナーとして〝北海道〟（タイチ）や〝バーナー道〟（ジャイアント・バーナード）が登場したり、愚乱・浪速選手やつぼ原人選手など他団体からもさまざまなレスラーが参戦したりと、にぎやかだったというか。

俺も〝レッスルラン道〟になったり、バックステージでは女性リポーターとの掛け合いがあったり、いろいろやってましたねえ。

――いまでは規制がかかりそうですが、女性レポーターが棚橋選手に「ガッチリモッコリやっちゃってください！」と応援の声をかけ、映像がショートタイツにズームアップする場面もありましたね。〝ガッチリモッコリ〟が棚橋選手の『WRESTLE LAND』でのキャッチフレーズになったというか（笑）。

……『WRESTLE LAND』は10年早かったですね（笑）。いまだったら、エンタメ的なものを楽しめる土壌があると思いますし。ショートタイツのズームアップはともかく（笑）。正直、最初にイベントのコンセプトを聞いたときは自信がなかったんですよ。まず、俺は『ハッスル』からの移籍の誘いを断ってるので、気持ちとしては「なんで新日本が『ハッスル』に寄せたようなエンタメ路線を行かないといけないのか？」っていうところが、自分のなかで全然消化できてなくて。「やるからには全力で取り組みますけど……」っていう感じでしたね。

――少し戸惑いがあったわけですね。

いま思えば若いうちにいろいろやっといてよかったなって思いますけど、当時はまだ余裕がないというか、きっと自分の目の奥は笑ってなかったんじゃないかな。会社としても、いまいち乗り切れない棚橋っていうのは薄々感じてたでしょうし。それで中西さんが大暴れするようになったんじゃないかと（笑）。『WRESTLE LAND』で個人的に印象深いのは、TARU選手にうしろ髪をバッサリ切られちゃったことですかね。

――06年の第5回大会（10・8後楽園）ですね。マスクド・デビロックに変身した棚橋選手が、ニセモノの魔界マスクド・デビロックを下した直後、全日本プロレスで活躍するブードゥー・マーダーズが乱入。棚橋選手のマスクを剥ぎ取ると、さらにうしろ髪を無慈悲に切り落とし、女性ファンの悲鳴も聞こえて。

自慢のロングヘアを切られ、散々な目に遭いましたけど、当時、長女の幼稚園の面接試験があったんで「まあ、よき父としては、短い髪のほうが好都合か」って思い直した記憶があります

2006年10月8日、後楽園の『WRESTLE LAND』で、マスクド・デビロックとして魔界マスクド・デビロックと対戦。10年早かったね。

（笑）。災い転じて福となすじゃないですけど、転んでもただでは起きなかったと。

――あらためて振り返ってみると、『WRESTLE LAND』はそれまでの新日本プロレスの文脈にはないことをやって、波紋を呼ぶと同時に、プロレスのひとつの可能性も示したというか。

ホントそう思いますよ。もちろん、ファンのなかでアレルギーがあった人もいたでしょうけど、それは別ブランドを作ってエンタメ路線に特化したからだと思うんですよね。このイベントのいい要素を、新日本の本戦にうまく融合させればいいんじゃないかっていう気づきが、会社にもあったと思います。『WRESTLE LAND』を通して、しっかり作りこんだエントランスVTRや、はじめてプロレスを観る人にもわかりやすく伝わるような煽りVなんかを、本戦にも取り入れるようになって。そういう意味でけっして無駄じゃなかったですし、功罪相半ばするイベントでしたね。

第10章「愛してます!」

幻のブロック・レスナー戦

――2006年の7・17月寒グリーンドームで、IWGPヘビー級王者であるブロック・レスナー選手への挑戦が決定していました。しかし、大会2日前の釧路大会で、レスナー選手が契約上のトラブルでビザの取得が不可能になり来日を中止。同王座の剥奪と、7・17月寒で新王者決定トーナメントを開催することが発表されました。注目の大一番が直前でなくなった心境は？

キャリアのなかでいくつかトラブルはありましたけど、かなりショックでしたね。釧路の会場で隣の控え室から、現場監督の長州さんの怒号が聞こえてきたんですよ。「何コラ!? どうなってんだ！」って。それで若手に「棚橋さん、長州さんが呼んでます」って声をかけられて、「これはただごとじゃないな」と。長州さんに「レスナーが来なくなった」って言われたときは「エッ!?」って目の前が真っ暗になりましたよ。その〝契約上のトラブル〟の詳細はわからないですけど、レスナーが破格のギャラということは聞いていたので、何かしら問題が起こったんでしょうね。IWGPの歴史のなかでも、こういう理由で王座戦がなくなるのは前代未聞というか。

――レスナー選手はWWEで輝かしい実績を残したのち、新日本初参戦となる05年の10・8東京ドームで藤田選手のIWGPヘビー級王座に蝶野選手を含めた3WAYマッチで挑むと、いきなり団体の至宝を奪取。続いて同年12月にノンタイトルで永田選手と中西選手を下し、その後は06

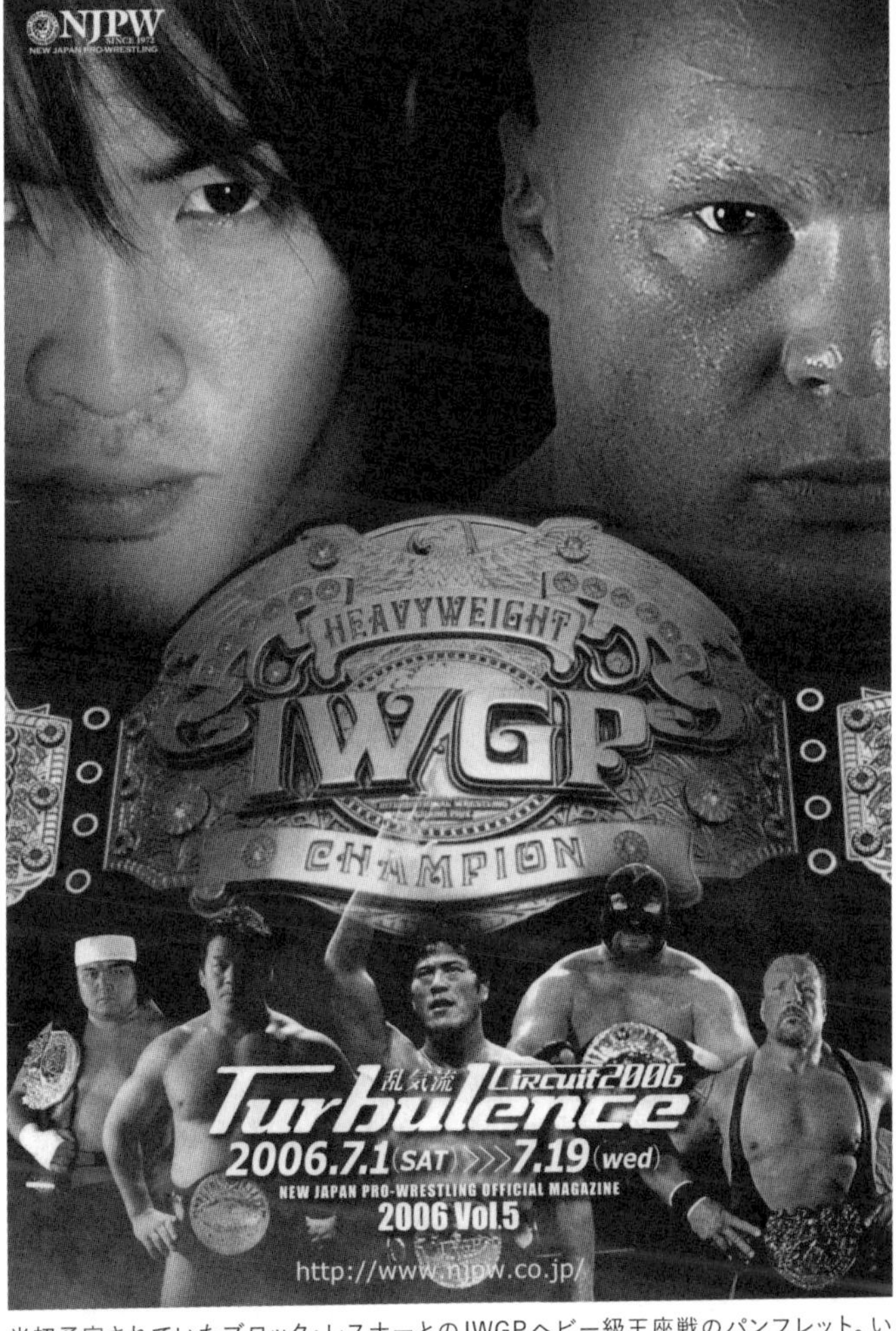

当初予定されていたブロック・レスナーとのIWGPヘビー級王座戦のパンフレット。いまだレスナーのことは根に持っている。

年の1・4東京ドームで中邑選手、3・19両国で曙選手、5・3福岡でバーナード選手を相手に防衛を果たしました。

当時のレスナーはまさに破竹の勢いでしたね。バーナードのほうが身体が大きいんですけど、向かい合うとレスナーのほうがデカく見えてしまうというか。そのパワーやテクニックもさることながら、圧倒的な〝格〟を感じました。

――棚橋選手は6月7日にレスナー選手への挑戦が発表されますが、この一戦への覚悟を示すように、同日にIWGP U－30無差別級王座を返上します。

もちろんU－30は思い入れのあるベルトですけど、中邑やバーナードたちがやられて「あとは俺しかいない！」っていう状況だったので、自分を追い込む意味や、なんとしてもトップを獲るという決意として返上しました。背水の陣を敷くことで、己を奮い立たせたかったんでしょうね。あのときはライオンマークの大きなフラッグに、各会場でファンが応援メッセージをたくさん書いてくれてたんですよ。1枚じゃ足りなくて、2枚目まで突入して。それだけ期待を集めてるなかで試合がなくなってしまったので、「筆舌に尽くしがたいとはこういうことだな」って落ち込みましたね。レスナー用に研究していたこともありましたし。ただ、個人的な意見として、レスナーのプロレスは自分勝手すぎて、どうしても好きになれなくて。レスナーがWWEでスターダムにのし上がるところも観てましたけど、彼の相手の光をとことん消すようなプロレスが、俺からすれば「何がしたいんだろ？」って思ってしまって。

――プロレス哲学の違いを感じたわけですね。対戦経験のある中邑選手や中西さんは、当時のレスナー選手に対して「どこか新日本をナメてる」という印象を持ったそうです。

レスナーにしてみれば「新日本がどうなろうが関係ない、ファイトマネーさえもらえればいい」っていう感覚はあったんじゃないですかね。同じ外国人でも、そこがバーナードたちとは違ったというか。「新日本への愛情がゼロの選手っているんだな」って、ちょっと驚いた部分もありましたし。だからこそ、ＩＷＧＰヘビーを取り返さないとって思ったんですけど……。

――レスナー選手の欠場が明かされた釧路大会で、棚橋選手は「ファンのかたがたに申しわけない。土下座したい気持ちです。プロレスの神さまがいるのなら、一度でいいから助けてください」と悲痛な思いを打ち明けました。

ホント、どうしていいのかわからず、神頼みするしかないような状況でしたね。ただ、その釧路大会の夜に、俺は立命館大学プロレス同好会の先輩と会ったんですよ。釧路で学校の先生をやってる人なんですけど、「レスナー戦がキャンセルになりました」って報告したら「よし、行くぞ！」って、屈斜路湖《くっしゃろこ》に連れていってくれて。大会後なんで真夜中の3時頃だったと思うんですけど、湖にふたりでダイブしました（笑）。そうやって身体を清めたというか、湖にプカプカ浮かびながら星空を眺めてたら、先輩に「どうだ、魂が浄化されるだろ？」って言われて、そこで少し気持ちを落ち着かせることができて。「試練っていうのは、乗り越えるために与えられるものなんだ！」って気合いを入れ直すことができたんで、その先輩には救ってもらいましたね。

――そもそもレスナー選手はIWGPヘビー戴冠時の06年4月に、立ち技格闘技のK－1のラスベガス大会に登場し、総合格闘技への参戦をアピールしていました。08年には総合格闘技のメジャーイベントであるUFCで、同団体の世界ヘビー級王座を獲得。12年からはWWEに復帰し、現在も別格的な存在感を放っています。

いまの中邑だったらレスナー戦が実現する可能性もあるんじゃないですか？　もう15年近く前のことですけど、新日本のリングで好き放題に暴れて勝ち逃げしたようなかたちなので、中邑との再戦は観てみたいですね（笑）。

悲願のIWGPヘビー初戴冠

――7・17月寒での新王者決定トーナメントには6選手が出場し、本来の挑戦者であった棚橋選手と、06年の『NJC』優勝者であるバーナード選手はシード枠となり、1回戦で曙選手が天山選手、永田選手がトラヴィス・トムコ選手に勝利。そして、準決勝で曙選手を下したバーナード選手と、永田選手を退けた棚橋選手が決勝で対峙します。

レスナー戦は消滅したものの、俺はタイトルマッチに向けてコンディションを作っていたので、その点ではアドバンテージがあったのかなと。初戦の永田さんには、その年の『NJC』準決勝で負けてたので、雪辱を果たすことができました。

——決勝の相手であるバーナード選手は、この年の1・4東京ドームで新日本初参戦を果たすと、以降は12年2月までエース外国人として活躍しましたが、棚橋選手のキャリアを語る上で欠かせないレスラーなのでは?

いやもう、バーナードには感謝しかないですよ。棚橋弘至というレスラーを創り上げていく上で非常に重要な存在でした。小型の日本人レスラーがいかに大型の外国人レスラーに立ち向かい勝利をつかむかというところで、バーナード戦を通して頭を使うレスリングを身につけられたと思います。

——棚橋選手が師事した藤波選手にとってのビッグバン・ベイダー選手のような存在というか。

俺、藤波vsベイダーはメチャクチャ観ましたよ。力や肉体的な差がすごかったんですけど、それを藤波さんは何で埋めたかと言ったら、テクニックもさることながら、「藤波、がんばれ!」っていうファンの声援だったんですよね。いかにそういう期待感を集めるのか、ベイダー戦を通して学びました。『ドラゴンボール』の元気玉の理論ですね、孫悟空が「地球のみんな、オラに力をわけてくれ!」っていう(笑)。

——そして、棚橋選手はファンの声援を背にバーナード選手を攻略し、最後はスリングブレイドで勝利を収めました。

その頃にはハイフライフローも使ってたんですけど、まだフィニッシュにはしてなくて。だから、試合の組立自体もいまとは違うと思います。このあとバーナードとは何度も戦ってますけど、俺とプロレス観が近かったのが印象的です。とくに当時の自分は、目の前の壁である第三世代との戦いで消化しきれないモヤモヤしたものがあったんですけど、バーナードとは試合を通じてわかりあえて。対戦相手として、「俺、間違ってねえな」っていうのを感じさせてくれる存在でしたね。デカくて風貌も怖かったですけど、すごくクレバーな選手で。新日本を去ったバーナードが一度ツイッターのダイレクトメッセージで「タナ、元気か?」って送ってきてくれたんですよ。いま思うと、復興段階にあった新日本における戦友というか。また会う機会を楽しみにしてます。

——バーナード選手を撃破した棚橋選手は、悲願のIWGPヘビー初戴冠を成し遂げます。

でも、はじめてのときはすぐには実感が沸かなかったですね。いまでも覚えてるのが、会場は満員にはならなかったんですけど、勝った瞬間にファンの方がリングサイドの鉄柵まで駆け寄ってくれて。そうやって祝福してもらったときに「喜んでもらえるんだ! 俺も喜んでいいの?」っていうくらいの驚きがあったんですよね。自分自身を含め、新日本プロレスに対しても「まだ失望してないファンがこんなにいるんだ。まだ期待してくれてるんだ」っていう驚きと喜びがあ

2006年7月17日、月寒で行われたIWGP新王者決定トーナメント。決勝の相手はバーナード。スリングブレイド乱発時代。

って。団体が苦しいなか、レスナーもドタキャンして気持ち的に荒んでた部分があったんですけど、あの光景を見て救われましたね。あれは一生、忘れられないです。

定着しなかった「愛してます」

――そのファンに向けて、棚橋選手はマイクを握ると「ここに来てくださったファンのかたには申しわけないことをしましたが、そのぶん、これからの戦いでお返ししようと思ってます。今日集まってくれたファンのみなさん、愛してます！」と、はじめて〝愛してます〟のフレーズを口にしました。

そのときになんで〝愛してます〟って言ったのか、自分のことながら本当にわからないんですよ。前もって「よし、これを言おう」とも思ってなかったですし、ふつうはリング上では口にしない言葉ですよね。日常でもなかなか口にしない言葉というか（笑）。

――あのときは現在の「愛してま～す！」と決め台詞の口調ではなかったですね。「ファンのみなさん、愛してます！」のあとに「そして、やっぱり俺は新日本プロレスを愛してます！　今日はありがとうございました！」と続けて、締めくくりました。

あれが自分の決め台詞になるなんて、微塵も思ってなかったです。たぶん、俺なりに「新日本

2006年7月17日、月寒でバーナードに勝利し、念願のIWGPヘビー級王座を初戴冠。「愛してます」が生まれた日。

が好きだ」っていうことをおもいっきり表したかったんでしょうね。好きの最上級が〝愛してます〟であり、そこにはゴタゴタ続きの新日本を見捨てずに応援してくれるファンへの「ありがとう」という気持ちも込もっていたというか。自然と溢れ出た言葉だったんだと思います。やっぱり、なかなか言わない言葉ですよね。恋愛でも「好きです、付き合ってください！」とは言っても、「愛してます！」っていうのは、奥ゆかしい日本人には少しハードルが高いというか（笑）。

——〝愛してます〟もすぐに定着はしませんでした。獣神サンダー・ライガーさんは、あの発言を月寒で聞いたときに「『リングで何言ってんだ？』と思ったし、昔からの新日本のファンやレスラーからは不評だった」と発言されていて。

そう思われても仕方はないですね。新日本の長い歴史のなかで、リングで〝愛してます〟と言ったレスラーはいなかったでしょうし（苦笑）。

——ただ、ライガーさんは「棚橋弘至は自分を信じて〝愛してます〟を貫き、いつしかそれがないと大会が締まらなくなった。古い新日本を変えた」とおっしゃっていました。

それはメチャクチャうれしい言葉ですね！　いつしか地方大会の6人タッグで勝利しても〝愛してます〟を言うようになりましたけど、はじめの頃はタイトルマッチで勝ったときくらいだったんですよ。ちなみに2回目の〝愛してます〟は、その年の10月にやった天山さんとの初防衛戦に勝ったあとで、そのときは突き上げるときに手のかたちがパーだったんですよね。まだプロトタイプだったというか。以降も〝愛してます〟はしばらく浸透しなかったですし、なんだかんだで1年以上はかかったと思います。それに比べるとオカダの「とくにありません」や「カネの雨が降るぞ」、内藤の「トランキーロ」や「デ・ハポン」は支持を得るのが早いなって（笑）。俺のときと違って、また新日本もいい時代を迎えてましたからね。地方に行くと、「もう、ファンが〝デ・ハポン〟やってんじゃん！」って思いましたもん。

――〝愛してます〟以前に、新日本のレスラーの大会を締めくくる決めフレーズといえば、アントニオ猪木さんの決め台詞である「1、2、3、ダー！」くらいでした。棚橋選手は「1、2、3、ダー！」で大会を締めたことはないですよね？

そうですね、猪木問答（02年2・1札幌）のときも、俺だけ参加しなかったですから。ちなみに『ALL TOGETHER』（11年8・27武道館）のとき、俺の最後の「愛してま〜す！」に内藤だけ参加しなかったらしいですけど、それを聞いたときは「歴史は繰り返すんだな」って思いました（笑）。

「棚橋は新日本らしくない」

――IWGPヘビー級王者は団体の顔となりますが、実感する部分はありましたか？

団体が盛り上がってない時期だったとはいえ、取材が多くなりましたね。あとは一般メディアに出る機会も増えて「ベルトを持つってことは〝通行手形〟なんだな」って実感しました。プロレスに興味がない人も、一目で「この人がいまチャンピオンなんだな」ってわかりますから。

――IWGPヘビーには3度目の挑戦、デビューして約6年9か月での初戴冠でした。

遅からず早からずってところですかね。レスナーが巻いてたIWGPヘビーが3代目のデザインで、持ち逃げみたいなかたちになってしまったので、その臨時として俺が手にしたのは2代目のベルトだったんですよ。ただ、2代目は橋本真也さんの代名詞みたいなものだったので、くしくも同じ岐阜の英雄である先輩と縁のあるベルトを巻けたのはうれしかったです。

――そして、棚橋選手はIWGPヘビー級王者としては自身初の『G1』を迎えます。このときの『G1』はまさに苦境の時代をあらわしているというか、前年の2005年は参加人数が16人だったのが、2006年は10人と減少していて。

いまは例年、20人参加してることを考えると少ないですね。そのぶん公式戦も少なかったんですけど、かなりしんどい戦いでした。

――棚橋選手は8・6新潟の開幕戦で中西選手、8・8横浜文体でライガー選手と連勝を収めます。しかし、8・9大阪でバーナード選手、8・10愛知で当時は全日本プロレス所属だった小島選手に連敗。結果的に2勝2敗のAブロック3位タイで、決勝トーナメントには進出できませんでした。このなかで印象深い試合というと？

やっぱり、小島さんとの試合ですね。勝てば決勝トーナメントに進めたのに、そこで外敵に負けてしまったのがファンの心象を悪くしたと思います。IWGPヘビーのベルトを巻いて以降、「棚橋は新日本らしくない」ってことで昔からのファンを中心にブーイングが飛ぶようになりましたけど、その材料になっておかしくない負けだったというか。あと、俺はスキあらば丸め込むというファイトスタイルで、やられてやられて最後に逆転勝ちという試合も少なくなかったんで、当時のファンの多くが思い描くような〝強いチャンピオン像〟とは距離があったとも思いますし。

——このときの小島選手との一戦は現IWGPヘビー級と前・三冠ヘビー級王者の対決ということで、『G1』の目玉カードでした。しかし、棚橋選手のダイビング式スリングブレイドを小島選手がラリアットで迎撃し、最後は追撃のラリアット2連発で惜敗を喫して。

いちばん負けちゃいけない相手に玉砕したんで、あれはファンの信頼を大きく失ったと思いますよ。やっぱり、『G1』でIWGPヘビー級王者が外敵にいかれたらダメですね。自分がファンでも「オイオイ、チャンピオンが何負けてんだよ！」って思いますもん。でも、そこも『G1』の怖さというか。

2006年8月8日、横浜での『G1』でライガーさんに勝利。プロレスファンならバトルライガーにテンション上がるよね。

2006年8月10日、愛知での『G1』。全日本所属の小島さんに敗戦。チャンピオンとして情けなかったし、ブーイングが起こりはじめる原因のひとつだと思っています。

ハイフライフロー誕生

——ちなみにこの時期から、棚橋選手はフィニッシャーにハイフライフローを使いはじめるようになりました。

まだ、最初の頃は決まり手としてハイフライフロー一本じゃなく、スリングブレイドやドラゴン・スープレックスと併用してましたね。たしか２００６年の６月頃にハイフライフローって名づけたんですよ。この技で最初にフォールを取ったのは矢野だったと思うんですけど。

——公式記録では２００６年６月17日の神奈川・大和スポーツセンター大会の棚橋&永田vs矢野&石井智宏の決まり手が「ハイフライフロー（ダイビング・ボディプレス）」と表記されています。そもそも、ハイフライフローをフィニッシャーにしようと思った理由は？

もともと、ダイビング・ボディプレス自体は試合で時折出していて。なぜ使うようになったのかは謎というか、気づけば出すようになってたんですけど。それをフィニッシャーにするようになったのは「はじめてプロレスを観た人にも伝わりやすい、インパクトがある技を使おう」と思ったのがきっかけですね。１００キロある人間が高く飛んで落ちてくるわけなんで、複雑な技よりも痛みを想像しやすいというか。プロレスファンにしてみれば単調な技に見えるかもしれないですけど、俺としてはそういう批判よりも、プロレスを広めることに着目をして。あと、俺の持論として「フィニッシュホールドとは、どんな体格差がある相手にも決められるもの」っていうのがあって。

——パワーボムのような技だと、体型によっては持ち上げられない相手もいるので、棚橋選手としてはフィニッシャーに適さないと？

そうですね。たとえばショーン・マイケルズのスイート・チン・ミュージックが大型選手でもバシッと決まるように、ハイフライフローも相手をマットにダウンさせてしまえば、体格差に関係なく決めることができるので。いろいろな使い手がいる技ですけど、俺がいちばん参考にしたのはエディ・ゲレロさん（元WWE王者。90年代に新日本で二代目ブラックタイガーとして活躍）ですね。あの人はフロッグスプラッシュっていう名前で使っていて、空中で一度屈伸運動を加えて飛ぶフォームがすごくきれいで。エディさんはあの技でレスナーからフォールを奪って、WWEのベルトを獲ってるんですよね。

——そういえば『アメトーーク！』（テレビ朝日系）のプロレス大好き芸人企画で、棚橋選手のハイフライフローと山本小鉄さんのダイビング・ボディプレスのフォームがそっくりだという比較動画が流れましたよね。

観ましたけど、歴史を考えるとおもしろいなって思いましたよ。小鉄さんといえば猪木さんと並ぶストロングスタイルの象徴ですから、新日本らしくないと言われた棚橋も、ストロングスタイルを受け継いでいるというある種の証明というか（笑）。

――あの技名自体は、〝フロー〟が集中した状態を表すときに使う〝ゾーン〟という言葉と同義語で、ハイフライフローというのは「高く飛んで集中した状態」という意味合いだそうですね。

はい。あと、〝フロー〟という言葉には〝流れ〟という意味もあるので、技が決まるまでの一連の動きを指すことにもなるかなと。パッと思いついた技名なんですけど、語呂もいいし、一度聞いただけで「高く飛ぶ技」っていうイメージがしやすいかなって。猪木さんの卍固めが卍の字に見えるように、そういうわかりやすさがプロレスは大事だなと思うので。

――棚橋選手はこの年の1月のTNA遠征の際、その躍動感あふれるファイトから団体関係者に〝ハイフライング・スター〟というキャッチフレーズを付けられたそうですが、そこもハイフライフローという技名に関係ありますか？

ああ、技名をつけたときは意識してなかったですけど、たしかに気づかず自然に着想を得た部分はありそうですね。ちなみに〝ハイフライング・スター〟っていうキャッチフレーズを知ったときは、「いや、俺、そんなに飛ばねえし！」って恐縮というか、萎縮しましたけど（苦笑）。

「1年以内にこの会場を超満員にします」

——2006年の『G1』を制したのは、当時は全日本所属だった小島選手を優勝決定戦で撃破した天山選手で、自身3度目の優勝を果たしました。そして、棚橋選手はIWGPヘビーを懸けて、10・9両国で『G1』覇者の天山選手を迎え撃ちます。この大一番の調印式が9月8日の千葉公園体育館大会で行なわれますが、その席で棚橋選手は「チャンピオンとして、1年以内にこの会場を超満員にします」と発言されていて。

当時は観客動員で苦戦していた時代で、関東だと千葉はとくに弱かった印象があります。IWGPヘビーを巻いて以降、俺はプロモーションで営業の人と各地を回る機会が増えたんですけど、地方の会場だと「観客動員500人を目指しましょう」って話してたのを覚えてます。実際のアベレージは実数で300人くらいだったと思うんですけど。

——使用する会場もいまより小さい場合が多かったですね。

そうでしたね。同じ会場に来たとき、営業スタッフから「前回の開催時より50人プラスです!」とか「100人プラスです!」って聞いて、一緒に喜んでた記憶があります。でも、2006年にはじめてチャンピオンになってからもしばらくは伸びなかったですね。現実は厳しくて、09～10年くらいにようやく少しずつ手応えを感じて。で、500人に届くようになったら「今度は1

000人目指しましょう！」みたいなかたちで、動員が伸びていったというか。俺が千葉で言った「1年以内にこの会場を超満員にします」っていう発言は、チャンピオンとしての覚悟だったと思います。みんなが無理だと思うようなことでも、自分が言ってかなきゃいけないっていう使命感があって。

——その使命感が芽生えたのはIWGPヘビーを初戴冠したのがきっかけですか？

厳密にはベルトを巻く直前ですかね。IWGPヘビーを巻く前はまだどこかで甘えがあって、この団体の厳しい状況をまわりの誰かがなんとかしてくれるんじゃないかっていう気持ちがあったんですよ。でも、北海道に向けた巡業中、控え室でまわりを見渡したときに、「アレ？　なんとかすんのって俺なのかな？」ってふと思って。それで年齢やビジュアル、バイタリティとかいろんなものを考えたときに「俺しかいねえじゃん！」って、急に使命感が舞い降りてきたというか。

——意識改革があったわけですね。そして、IWGPヘビーを手に入れて名実ともに新日本の顔となり、大きな責任感を背負われたというか。

これは自分で言ってしまいますけど、「俺しかいない！　エースになってやる！」って、並みの選手じゃなかなか思いつかないんじゃないかなと。当時はやたら「俺がなんとかします！」って言いまくる、ちょっと気持ち悪い時期だったとも思いますけど（笑）。でも、そうやって発信することで、周囲に認めてもらおうと躍起になってたというか。そもそも、ジャンルに熱がないとスターって生まれないんですよね。「だったら、その土壌を作ればいい。地道に砂利だらけの荒地を耕して種を蒔こう！」と。そうしたら、２０１２年に一気に〝恵みの雨〟が降り出した、と（笑）。

――〝レインメーカー〟として凱旋帰国を果たしたオカダ・カズチカ選手の登場ですね。

恵みの雨で大豊作となり、収穫物を一気にかっさらわれて（苦笑）。まあ、はじめてＩＷＧＰヘビーに手が届き、チャンピオンになったらチヤホヤされると思ったら、逆に苦悩続きでしたね。チャンピオンになってからが本当の向かい風で、〝谷あり谷あり〟でしたから。

予想外のブーイング

――棚橋選手はＩＷＧＰヘビーを初戴冠して以降、ブーイングが飛ぶ時期がしばらく続きました。これは予想と反した反応だったそうですね。

それまでの人生、自分が鈍感で気付かなかっただけなのかもしれないですけど、人に嫌われるという経験がなかったんですよ。生まれてから両親に慈しんで育てられ、学生時代もわりとチヤホヤされる存在ではあったので、ブーイングに対して「なんで？　みんな俺のこと好きなんじゃないの？」って戸惑ったというか。だから、最初は後手後手で、対応も遅れましたね。それにブーイングは飛びつつも、俺は立ち位置としてベビーフェイスなわけですよ。でも、本隊でタッグを組んだときに棚橋だけブーイングを食らってたら、パートナーもやりづらいですよね。対戦相手のヒールとしても、ベビーにブーイングが飛んだら、試合として成立しないというか。こっちとしては一生懸命プロレスをやってるだけなんですけど。

——ほかの本隊のレスラーにその現状について相談することは？

いや、なかったです。相談相手もいないし、そもそも誰も棚橋に近寄ってこないというか。プロレスラーはジェラシーの塊なので、王者として説得力のない棚橋のことをおもしろいと思ってない選手は絶対にいたでしょうね。完全に孤立無援でしたよ。そんななかでも、俺の心の拠り所になったのが、新日本の音響スタッフの遠藤さんで。

——古株のスタッフさんですね。

俺のファイトスタイルとして、相手にやられてやられて最後になんとか勝つっていう部分が、当時はファンの信頼を損ねたと思うんですけど、遠藤さんは「あれでいいんだよ、チャンピオンはやられてナンボだから。タナくんはアントニオ猪木だよ」とまで言ってくれて。会場で昔からたくさん試合を観てきた人の言葉だからこそ心強かったし、救われた部分は大きいですよ。だから、新日本を立て直した影の立役者は音響の遠藤さんです（笑）。

——でも、その後の棚橋選手はファンの信頼を勝ち得て、2019年の『Number』誌での「プロレス総選挙」では栄えある1位も獲得しました。

きっと長いこと身体を張り続けて、棚橋嫌いだったファンも根負けしたんじゃないですか（笑）。まあ、自分の信念は貫き通せたのかなと。一時期の新日本は時代に柔軟に対応できてないというか、このまま同じことを続けても下がり続けていく一方だったと思います。そんななかで「俺は間違ってない！」と自分に言い聞かせながら、理想とするプロレスをやってましたね。いま思うと逆境にさらされたことでプロレスラーとして、そして人間として幅が広がったのかなって思います。

「弱い王者」

――IWGPヘビー初防衛戦の相手である天山選手はこの戦前、『G1』で結果を残せなかった棚橋選手のことを「弱い王者」と斬り捨てます。すると、棚橋選手は「新日本の弱い歴史を作ったのはあなた」と反論し、舌戦を展開しました。天山選手はそれまでにIWGPヘビーを4度戴冠していましたが、そのうちの3回は外敵に王座を奪われているので、その点を踏まえてのコメントというか。

憎まれ口を叩くことで立ち位置として天山さんをベビーフェイスに置こうとしたんでしょうね。俺がまだ駆け出しだった頃、天山さんが新日本を支えようとがんばってた歴史は側で見てましたから、憎さというよりも、構図的に戦いやすいシチュエーションを作ったというか。ちなみに俺は〝天山×両国＝無敵〟という理論を唱えていて（笑）。

——たしかに天山選手の両国人気は昔から高いですよね。この2年前の『G1』の優勝決定戦での棚橋vs天山でも、完全に観客は天山選手を後押しするムードだったというか。このIWGPへビーを懸けた両国決戦では、棚橋選手が天山選手の猛攻を振り切り、最後はハイフライフローで防衛に成功しました。

2年前の『G1』の両国ではまだ使ってなかったスリングブレイドとハイフライフローが大きな武器になりましたね。技が増えれば試合の幅も広がってくるので。とは言え、当時は天山さんも大きなケガをされる前でしたし、打たれ強さは際立ってましたよ。

——ほかの第三世代の面々と比べたときに、天山選手はどのように映っていましたか？

ちょっと異色だった気がしますね。永田さんや中西さんに比べると、わりと天山さんはプロレス観が近かったというか。あと、天山さんはリングを下りるとすごく優しい人で。そういえば俺が立命館大学の2年か3年だった頃に、プロレス同好会の学園祭の催しとして講演会のゲストに、若手のヒールとして飛ぶ鳥を落とす勢いだった天山さんを呼んだことがあって。その講演会のとき、俺は天山さんの送迎係を買って出たんです。司会がレイザーラモンRGさんで、客席には同志社大学の学生だったレイザーラモンHGさんが来ていました。講演会の当日、俺は天山さんを

2006年10月9日、両国で『G1』覇者の天山さんに勝利し、IWGPヘビー級王座を防衛。リング上で意識して「愛してまーす」を決めた日。しかし、手はまだパー。

ピックアップしてふたりで会場までタクシーで向かったんですけど、大学から天山さんの地元が近いこともあって、思い出話なんかを聞かせてもらって、ファンからすれば贅沢な時間でしたよ。当時の俺はショートボブみたいな髪型だったんですけど、それを見た天山さんに「キミ、頭がカツラみたいやな」って言われて（笑）。

——猛牛にツッコまれた、と（笑）。

そのとき、俺がタクシーを止める場所を間違えちゃったんですよね。そうしたら天山さんに「オイオイ、いま来た道を戻っとるやんけ！」って言われて、一瞬「ヤベー、怒らせちゃった！」ってビビりました。のちに俺が新日本に入ってから、天山さんに「あのとき会場までアテンドしたのは僕なんです」って言ったら、「エッ？　あれ、タナちゃんやったん!?」って驚かれました（笑）。

金本との王者タッグ

——10月15日からは3年ぶりに『G1タッグリーグ』が開催されます。棚橋選手は当時のIWGPジュニアヘビー級王者である金本選手にタッグ結成のラブコールを送り、IWGP王者コンビとしてAブロックに出場しました。

その直前に大阪（9月24日）で金本さんとIWGP王者対決が組まれて、俺が勝ってるんですよね。そのときに「金本さんは強さも申し分ないし、王者タッグなら華もある。これは魅力的なタッグになりそうだな」と思って。タッグリーグでヘビーとジュニアの王者同士が組んで出場する珍しさもありましたし。

――このときは初戦の10・16鳥取でバーナード&トムコ組に敗れ、次戦の10・22博多では天山&ライガー組に引き分け。しかし、10・24大分で矢野&石井組、11・3館林で中西&山本組に連勝。結果、同じ2位タイとなった天山組と11・6後楽園の最終戦で、決勝トーナメント進出を懸けて対峙し、見事に勝利。そして、準決勝で永田&飯塚組を下すも、優勝決定戦で蝶野&中邑組に惜敗を喫し、準優勝に終わりました。

最後は1日3試合もやったんですね。シリーズを通して追い風も感じてたし、あと一歩のところだったんですけど。そのとき、中邑は海外修行から帰ってきたばっかだったんじゃないですか?

――この年の3月から肉体改造と、当時IWGPヘビー級王者だったレスナー選手からの王座奪還を目的にアメリカで修行に取り組んでいました。そして、10・9両国で蝶野選手とのタッグで長州&中西組を下し、その勢いを駆って『G1タッグリーグ』を制覇しました。

中邑がハーフスパッツを履いていて「エラい太腿がデカくなったな」って思ったのを覚えてます。聞いたところによると、アメリカでは1日1万キロカロリー摂取してたらしいです。成人男性の4日分のカロリーですから、よく身体を壊さなかったなって。のちの中邑の体型を考えると、当時は試行錯誤の時期だったんでしょうね。

――金本選手とのタッグはいかがでしたか？

すごくやりやすかったですよ。あの人は特攻隊長みたいなところがあって、試合の突破口を切り開いてくれるというか。金本さんには〝アニキ〟って愛称がありましたけど、その名のとおりにグイグイと引っ張っていくようなファイトスタイルでしたね。

――リング外での金本選手はいかがでしたか？ 選手とあまり群れず、孤高というイメージがあったというか。現場監督だった長州さんとも相容れなかったそうで。

正直、気難しい人だったのかなとは思います。プライベートを大事にされていたのか、選手と一緒の時間を極力少なくしようとしてるように見えましたね。巡業中の移動も選手バスに乗らず、リング屋さんのトラックに同乗したりしてましたし。ただ、俺自身は若い頃からすごくよくしてもらって。気さくに「タナ、元気か？ 何やっとるんや？」みたいな感じで、あのハスキーボイスでしゃべりかけてくれて。飯伏と組むまで、長らく棚橋弘至の〝パートナー不在問題〟というのがありましたけど、金本さんとのタッグはいま振り返ってもおもしろいチームだったなって思いますね。

HIROSHI TANAHASHI HIGH LIFE

第11章『G1』初制覇

1976-2009

中邑と初のIWGPヘビー級王座戦

――2006年、12・10愛知ではIWGPヘビーのベルトを懸けて、凱旋直後の勢いに乗る中邑選手を迎撃しました。

俺と中邑の対決で、はじめてIWGPヘビーを懸けた王座戦だったんですよね。しかも、俺が中邑の挑戦を受けるというのは、これまでと立場が変わったというか。

――たしかに2005年までは棚橋選手が後輩である中邑選手を追いかけるようなかたちでした。この王座戦前、棚橋選手は「中邑は挑戦者としてベストだが、俺は王者としてベスト」と発言されていて。

それムチャクチャ名言じゃないですか！　俺は中邑がいない時期にIWGPヘビーを獲ったんで、「王者としてこの男を倒さないと」っていうのがあったんでしょうね。だからこそ、そういう発言で自分を鼓舞したというか。あの頃の中邑は肉体改造をして、パワーファイトを取り入れた時期でしたよね。ランドスライドやリバース・パワースラムを使いはじめて、ラリアットも出してきましたし。勢いは感じましたけど、こっちにも「ここで負けたらまた立場が逆転してまう」という意地があったんで、それが結果につながったんだと思います。

――棚橋選手は中邑選手の雪崩式ランドスライドをしのぐと、ハイフライフロー、ドラゴン・ス

2006年12月10日、愛知で中邑とIWGPヘビーのベルトを懸けて初対戦、勝利を収める。
どちらもまだ発展途上でした。

ープレックスと畳み掛けて2度目の王座防衛に成功しました。この試合後、棚橋選手は「いろいろ思いましたが、中邑真輔はライバルです。この先10年以上戦い続けます」とアピールし、一方の中邑選手は「認めますよ、棚橋弘至。認めます」とコメントを残していて。

中邑としては先輩にジェラシーを抱かれて迷惑千万だったのが、認めざるを得ないところまでに至ったというか、〝根負け感〟が伝わってくるコメントですね（笑）。ここからまた中邑との新しいライバルストーリーがはじまるんだなって予感がありましたし、棚橋弘至の歴史のなかで大事な日になりました。このときは試合直前のこともよく覚えていて。先に中邑、そのあとに俺が入場して、場内も「ワーッ！」って盛り上がったんですよ。ふたりの対決を期待してか、会場も超満員で。ただ、俺たちの入場のあとに特別ゲストとして、中日ドラゴンズで当時現役バリバリだった山本昌さんがリング上で紹介されたら、その日いちばんの歓声が巻き起こっちゃって（笑）。俺も中日ファンなんで光栄なことでしたけどね。その後、山本昌さんとは200勝の記念パーティーに呼んでいただいたり、ナムコの『ファミスタ』の新作会見でご一緒したり、何かと縁もあって。中邑との愛知の王座戦は、そういう試合以外のことも含めて記憶に残ってますね。

負けたら太陽剥奪マッチ

――2007年の1・4東京ドームでは、棚橋選手はIWGPヘビー3度目の防衛戦として全日本プロレスの太陽ケア選手を迎え撃ちます。当時は新日本が再建中で、1・4東京ドームを継続するかどうかという話があったそうですが、このときは全日本プロレスの全面協力で両団体の創立35周年大会として開催されることになりました。

たしかに「ドームをどうするか」っていう話は聞こえてきてましたね。1・4東京ドームを一度休止したら、また新日本が同じ日にドームで大会をやれるかどうかわからなかったので、続けてもらって本当によかったと思いますね。この07年から『WRESTLE KINGDOM』がはじまって、いまやすっかり定着したという意味でも、ドームの歴史でターニングポイントになった大会だったというか。

――このときはダブルメインとして、最初に三冠ヘビー級王者の鈴木みのる選手に永田選手が挑戦、続いて棚橋選手とケア選手のIWGPヘビー級王座戦がラインナップされました。そのあと、特別試合として武藤&蝶野vs天山&小島組が行なわれて。棚橋選手に挑んだケア選手は、06年に全日本の『チャンピオン・カーニバル』を初制覇すると、その勢いを駆って三冠ヘビーを戴冠。鈴木選手に敗れ王座から陥落するも、全日本のトップの一角として新日本の至宝を懸けたタイトルマッチに臨みました。

〝太陽の天才児〟としては、勝手に〝負けたら太陽剥奪マッチ〟と思って燃えました（笑）。ケアさんとはこのときがシングル初対決でしたけど、すごく波長が合ったというか、すばらしいレスラーでしたね。

――そもそも武藤選手が全日本プロレスに興味を示したのも、ケア選手がきっかけだったそうです。01年に全日本の1・28東京ドーム大会でケア選手と対戦し、「いいレスラーだな」と思い、そこから団体を超越したユニット「BATT」を結成して。

まさにBATTのメンバーとしてケアさんが新日本に参戦した頃、俺はふたりで焼肉を食べに行ったことがあるんですよ。ホテルの前でバッタリ会って、「どちらに行くんですか？」って聞いたらメシってことで、「じゃあ一緒に」となって。俺のつたない英語と、ケアさんのカタコトの日本語で一生懸命コミュニケーションを取って。そのときはまさか、のちにドームでシングルをやるとは思わなかったですけどね。最後はハイフライフローで勝ったんですけど、ホント強い選手でしたよ。あらためて「いい選手はどの団体でもいいな」って思いました。

――ちなみにこの試合前、棚橋選手は「ケア戦は〝闘魂〟vs〝王道〟にはならない」と発言されています。

このとき、中邑と川田さんのシングルも組まれてたんですよね。その試合との差別化という意

2007年1月4日、東京ドームで太陽ケア選手に勝利し、IWGPヘビー3度目の防衛。“太陽ヒロシ”に変えようかしばし悩むが、やめておく。

味で、この発言をしたんだと思います。あと、この頃は王者となり、自分の幅をさらに広げる意味でもジャイアント馬場さんの遺伝子に興味があって。昔、ファンの方に「棚橋さんは全日本向きですね」って言われたことがあり、全日本は〝明るく楽しく激しいプロレス〟っていうキャッチフレーズでしたけど、「人によっては棚橋はそっち寄りに見えるのかな」って思ったんですよね。だからこそ、馬場さんから薫陶を受けてるケアさんとの試合は興味深かったですし、やってみて清々しい気持ちになれました。

永田戦後の「新日本」コール

――続いて2・18両国では金本選手とIWGPヘビーを懸けて対峙しました。ジュニアの選手ながら前年の『G1』でベスト4まで残る活躍を残した金本選手は、挑戦理由として「王者が棚橋だから」という言葉を残しています。

当時、まだはじめてのIWGPヘビー級王者として試行錯誤してましたけど、そのがんばりを金本さんが見て、何かを感じ取ってもらえたのかもしれないですね。いまでこそジュニアの選手がヘビーの選手とビッグマッチでシングルをやるのも、そんなに珍しいことではなくなりましたけど、そのときはまだそういう風潮はなかったというか。しかもヘビーのベルトが懸かってるわけで。

――それだけ当時の金本選手の実力や人気を踏まえ、組まれたカードというか。

そこに棚橋弘至へのブーイングも相まって、組まれた気がします（笑）。俺が王者になったことで、第三世代と呼ばれる選手たちが逆に息を吹き返したというか。そう考えると、あのときの試行錯誤の王者時代が意味あるものに思えてきますね。その金本戦は打撃では押されました。蹴りにしろ張り手にしろスピードがあって的確で。ただ、これは金本さんの不思議なところなんですけど、Sッ気が強いと同時にMッ気もあるんですよ。攻めるだけではなく、こっちの技を食らって食らって、闘志を高めていくというか。

――棚橋選手も張り手や、金本選手のお株を奪う顔面ウォッシュを繰り出してましたね。ちなみに棚橋選手の張り手はかなり強烈だと、内藤選手や中邑選手がおっしゃっていました。

張り手は棚橋の隠れ技ですから。最近は左の単発が多いんですけど、左右の連打も得意で。自分も食らったことあるからわかるんですけど、「パパン！」ってアゴのあたりに食らうと脳が揺れるんですよ。試合のチェンジオブペースになるというか。あと、このときはヘビーとジュニアを際立たせるということで5キロ増量したんですよね。でも、王座戦直前に風邪を引き、結局5キロ減って元に戻ってしまって。棚橋が短期間で体重のアップダウンがあるのは、いまにはじまったことではないと（笑）。

——続いて4・13大阪ではIWGPヘビー5度目の防衛戦として、この直前の『NEW JAPAN CUP』で初制覇を果たした永田選手を迎え撃ちます。

いやあ、第三世代のなかでも永田さんがいちばん息を吹き返しましたね。もう、前哨戦からどの会場も「永田」コール一色なんですよ。ファンが新日本らしくない棚橋ではなく、〝ザ・ストロングスタイル〟の永田さんを後押ししたというか。このときは「誰か棚橋を引きずり降ろしてくれ」っていう空気を感じました。俺もブーイングに対して強がった態度は取ってたんですけど、まだ多少戸惑いもあって「なんで俺のよさがわからないんだろ？」っていう気持ちでしたよ。自分のなかでまだブーイングを完全に処理しきれなくて。とにかく、このときは永田さんへの期待感が伝わってきましたね。

——永田選手は2002年4月〜03年4月にかけてIWGPヘビーでV10を記録するも、03年5月に王座から陥落して以降、王座戦線から遠のきました。しかし、自分をさらけ出す姿がファンの支持を集め、その追い風に乗るかたちで07年の『NJC』に優勝。そして、4年ぶりのIWGPヘビー級王座戦では、棚橋選手とすさまじい闘志と闘志のぶつかり合いを繰り広げて。

すごくおもしろかったですよ。いまの新日本の戦いほどアップテンポで洗練された攻防ではないんですけど、オーソドックスな展開ながら観客を惹きつけるような、お互いの感情が透けて見える戦いだったというか。最近この試合を観たんですけど、あらためて「いい試合だな」って思

2007年4月13日、大阪でIWGPヘビー5度目の防衛。永田さんの無限のスタミナに苦手意識が。

いましたね。

――試合は最後、左ハイキックで棚橋選手の動きを止めた永田選手が、バックドロップホールドで勝利を収め、王座奪還に成功しました。この試合後、「新日本」コールが巻き起こったのも、この王座戦が名勝負だったことを証明しているかと。

「永田」コールじゃなかったということは、ふたりに対してのものだったんですかね。そう考えると、ブーイングの時期を経て、のちに起こるようになる「棚橋」コールに向けた、ひとつの布石だったのかなとも思うし。種を蒔きはじめたというか。

――この時期、棚橋vs永田というのが新日本のひとつの看板カードでしたよね。

そうですね。ファンにプロレスを観る視点を持ってもらううえで、「ライバル対決」「世代闘争」「軍団抗争」っていうのが三本柱になると思うんですけど、一時期の新日本はそこが疎かになってたのかなと思うんですよ。意味のないカードが唐突に組まれたり。でも、俺がIWGPヘビーをはじめて巻いた時期から少しずつ、意味のあるカードが増えていった気がします。自分で言うのも何ですけど、憎まれ役だとしても棚橋という軸が生まれつつあったというか。

――このあと、棚橋選手は5月1日の『WRESTLE LAND』後楽園大会での中西選手、TARU選手との3WAYラダーマッチで敗北を喫し、右ヒザ半月板損傷および内側側副靭帯損傷のため欠場に入ります。

じつはその欠場の原因が、この大阪の永田戦の直後なんですよ。試合後に食事会があったんでタクシーで移動したんですけど、降りようとした瞬間に右ヒザが伸びなくなってしまって。半月板っていうのは関節に加わる体重の負荷を和らげるクッションみたいな役割があるんですけど、それが傷つくとムチャクチャ痛いんですよね。結果的に欠場中に右ヒザの半月板を半分くらい取ることになって。ベルトは取られるわ、半月板は取られるわ、このときは泣きっ面に蜂でしたね。

滝行で臨んだ『G1』という鬼門

——その後、2007年の7・6後楽園で復帰し、8・5大阪から開幕する『G1』を迎えました。このときは6度目の出場ですが、その直前の7月26日に棚橋選手は神奈川の洒水《しゃすい》で滝行を敢行してますね。

行きましたねえ、棚橋は後藤よりも先に滝に打たれてたっていう（笑）。『G1』は自分にとって鬼門というか、なかなか結果を残せてなかったので、邪心を流して臨むということで滝行を敢行したんですけど。

——このときの『G1』は初戦の8・5大阪で中邑選手と30分時間切れ引き分け、続く8・6静岡では矢野選手と両者リングアウトと苦しい滑り出しとなりました。しかし、8・8横浜でミラ

2007年7月26日、『G1』を前に洒水で滝行。じつは後藤よりも先だったのだ。

ノコレクションA．T．選手を下すと、8・10愛知では中西選手に敗れるも、8・11両国で越中選手に勝利。結果、2勝1敗2引き分けでBブロック2位として、8・12両国での決勝トーナメントにコマを進めました。

ギリギリで生き残った感じでしたね。そのなかだとミラノ戦が印象に残ってます。場外でダウンしてるミラノさんに対して、俺がセカンドロープに乗ってハイフライフローをやってるんですよ。そのとき、クロスボディ式じゃなくボディプレス式だったのもあってか、ヒジに裂傷を負ってしまい、それがのちのち面倒なことになって。試合後に縫ったんですけど、『G1』終了後に実家に帰ったときにヒジからバイ菌が入って、蜂窩織炎《ほうかしきえん》という炎症が起こる病気になり、8月終わりの2大会を欠場しちゃったんですよね。炎症値が上がって、放っておくと命にかかわるケースもあるらしくて。昔、長州さんも苦しんだそうですけど、俺も点滴治療を受けに、病院にけっこう長く通って。

——勝利の代償として大きかったわけですね。現在、新日本の中継の解説者を務めているミラノさんは、異彩を放つテクニシャンでした。この『G1』でも棚橋選手を場外マットで〝す巻き〟状態にしてリングアウト勝ちを狙うなど、トリッキーなファイトスタイルで。

ミラノさんは矢野との公式戦でも、花道でパラダイスロックを仕掛けて、リングアウト勝ちしてましたね（笑）。

――その試合について、ミラノさんは「控え室に帰ったら先輩たちに怒られると思ったら、蝶野選手とかが笑ってくれてたんでホッとした」とおっしゃっていました。

あの頃は「新日本の戦いはこうじゃなきゃいけない」という目に見えない縛りみたいものが、なくなりつつあった時期だったんでしょうね。やっぱり、ファンの喜ぶものがいちばんっていう方向に、新日本の土壌も変わってきて。その価値観の変化にアレルギーがあったファンの反発を、棚橋が一手に引き受けてた気がします（笑）。まあ、ミラノさんは一言で表せば〝技のデパート〟ですよ。体格的には細かったですけど、それを補って余りあるテクニックを持っていて。あと、いまでこそ新日本もキャラの立った選手が多いですけど、当時からミラノさんはミケーレ（透明犬で首輪しか見えない）を連れていて、プロ意識が高かったというか。いま振り返ると、ミラノさんも新日本に大切なものを残していった方だなって思いますね。

――現在の新日本でもミラノさんが使っていた技を使用する選手もいますし。

それとミラノさんはビジュアルがよかったですよね、小顔で手足が長くて。ケガで引退されましたけど、いまも現役だったらおもしろかっただろうなって思います。L・I・Jに入ってた可能性もあるし、俺と本間朋晃さんと一緒に、個性バラバラの同級生ユニットを組んでたかもしれないし（笑）。

「俺みたいなクソ野郎を応援してくれて」

――8・12両国の決勝トーナメントでは、準決勝で真壁選手と激突します。当時G・B・Hだった真壁選手は同年の『NEW JAPAN CUP』で準優勝すると、永田選手のIWGPヘビーに初挑戦。その勢いを駆って、このときの『G1』ではAブロック1位通過を果たしました。雑草と呼ばれてきた真壁選手が、シングル戦線で本格的に頭角を表してきたというか。

本隊にいた頃の真壁さんはピリピリしてるのが伝わってきましたよ。俺や中邑はチャンスをもらえてたのに、真壁さんは海外修行から帰ってきても、いい出番がないというか。真壁さんといえば、アキレス腱を切ったことがあるじゃないですか？

――2005年の『G1』公式戦での中邑戦ですね。そして、06年1月に復帰すると、インディー団体のアパッチプロレスに殴り込んで、ヒールの才能が開花しました。

あのときの長期欠場でカチッとスイッチが入ったと思いますよ。復帰前と比べて覚悟の量が違うのも伝わってきたし、他団体に積極的に打って出て、生きる道を見つけたというか。やっぱり真壁さんは俺にとってデビュー戦の相手なんで、シングルで対峙するとほかの選手とは違った感情が味わえる選手ですね。

――棚橋選手は真壁選手をフォール・イン・ラブ（高角度前方回転エビ固め）で下すと、同じ日の優勝決定戦で永田選手と対峙します。壮絶な接戦となりますが、棚橋選手は終盤にドラゴンスクリュー5連発からダルマ式ジャーマン、ドラゴンスープレックス、そしてハイフライフローと怒涛のたたみかけで勝利をつかみました。

ドラゴンスクリューは永田さんのキック封じであり、とにかく動きを止めるためになりふり構わずに繰り出して。俺はレスラーになる前、天山さんの大ファンで「勝つためにマウンテンボム10連発とかすればいいじゃん!」って思いながら観てたんですよね。だから、試合の組み立てとして同じ技を乱発するのはどうかという面もあるんですけど、ファン心理を考えたときに、選手が勝利をつかもうとなりふり構わず技を出すのもアリなのかなとは思います。

——そして『G1』出場6回目にして、はじめて優勝の栄冠をつかんだわけですが、やはり感慨深かったのでは?

そうですね。ただ、そのときの両国は札止めにはならなかったんですよ。『G1』最終戦っていうのはカードが発表されなくても、あっという間に売り切れるイメージだったんで、そこは悔しかったですね。さらにその頃の俺はブーイングを自分のなかで完全には消化しきれてないので「どうせ俺が優勝しても、みんなうれしくないだろ?」っていう気持ちが大きくて。それで、ああいうマイクアピールになったんですけど。

——「俺みたいなクソ野郎を応援してくれて、どうもありがとうございました」というマイクで

2007年8月12日、両国での優勝決定戦で永田さんに勝利を収め『G1』初制覇。この頃は優勝するためには最終日に2試合しなければならなかった……。

すね。優勝者の喜びの言葉として、なかなかない表現というか。

ひどい憎まれ口ですよね、「本当にありがとうって思ってるのか?」っていう（苦笑）。のちに2015年と2018年の『G1』で優勝したときは幸せ空間になったのに、2007年は笑顔がない優勝というか。

――でも、このアピールのあと、「必ず、俺たちの世代でもう一度プロレスを爆発させます」という言葉に続き、まさに有言実行というか。

あれは我ながらよく言ったなって思いますよ。いまでもそのシーンが、いろんな映像で使われますし。きっと、あの優勝後のマイクは悔しい思いが爆発したんでしょうね、意地の言葉だったというか。でも、「クソ野郎」が上の句だとしたら、ふつうは下の句に「爆発させます」は来ないですよね。「自虐的なのに急に前向き!?」みたいな（笑）。

「今度こそ俺がなんとかします」

――このあと、10・8両国で『G1』優勝決定戦の相手だった永田選手が保持するIWGPヘビーに挑戦を果たします。同年の4・13大阪でベルトを奪われたときのリマッチとなりましたが、このときに印象的だったのが、棚橋選手が黒のショートタイツを身につけていたことで。

2007年10月8日、両国でIWGPヘビー2度目の戴冠。永田さんとの戦いで、新日本プロレスは命を繋いでいました。

当時、『WRESTLE LAND』でもショートタイツを履いてましたけど、それとはまたべつのものを新調して。あの頃、俺にブーイングが飛んだいちばんの理由として「新日本らしくない」っていうのが多かったですけど、それに対して「じゃあ黒のショートタイツを履けば新日本らしいのか?」っていう皮肉が、あの日の両国の姿には込められてた気がします。

――試合後、棚橋選手はリング上で黒のショートタイツの理由を問われると、真顔で「セクシーだから」の一言のみ返してるんですよね。

黒のショートタイツを履きながら新日本らしさには触れず、セクシーの一言で済ますっていうのは、まさに皮肉というか(笑)。真顔っていうのも含め、トガってたんですよね。当時、みんなが「新日本とはストロングスタイル」みたいなことを口にしても、具体的にどういうものなのか言語化はできないわけで、そこに振り回されたくないっていう気持ちが自分のなかでも強くて。

――試合は最後、ハイフライフローを巡る攻防となりました。一発目は永田選手がヒザで迎撃。棚橋選手は負けじと2発目を決めるも、永田選手はカウント2でキックアウト。そして、3発目を永田選手がコーナーに上って阻止しようとしますが、棚橋選手は頭突きで撃墜すると、ハイフライフローでピンフォール勝ち。IWGPヘビー奪還に成功しました。

最後は泥臭い感じでしたね、「意地でもこの技で永田裕志からフォールを取る!」っていう。試合では「永田」コールのほうが大きかったですけど、そのファンを黙らせるような内容、勝ちかたっていうのを意識してたんだと思います。試合後のマイクで「今度こそ、すべてを俺がなんとかします」と言ったんですが、「なんとかします」って表現が、当時の新日本の状況を表してるというか。

――このときは新日本の両国大会としては、はじめてマス席の数を減らしてアリーナのイス部分を増やし、観衆は7800人という発表でした。

会場に足を運んでくれてるファンのなかには、いい時期の新日本を知ってる人も多かったでしょうし、その期待を裏切れないなっていう思いからのマイクだったんでしょうね。

――キャリア2度目のIWGPヘビー戴冠となりました。棚橋選手は以前、「いわゆる新日本の暗黒時代は、控え室の雰囲気も暗かった」とおっしゃっていましたが、この頃はいかがでしたか？

いや、まだ変わってないと思います。まわりからすると、ブーイングをされているチャンピオンが団体を引っ張っていくっていうのがイメージできない時期だったんじゃないですかね。控え室で俺には誰もあんまり接して来なかったというか、腫れ物に触るじゃないですけど「アイツとはヘンに関わらないほうがいいよ」っていう空気感だったと思いますね。俺はわりと鈍感なんですけど、いま振り返るとそういう状況だったんだろうなって。それでも自分のなかで信念だけは貫こうと決めてました。２０００年代に入って、ビジネスとしてプロレスが下がってきたわけじゃないですか？　その状況で同じことを続けても上がるはずがないし、何かを変えないといけない。その何かを模索しながらやってた時期ですね。

——試行錯誤というか。

俺はプロレスの醍醐味のひとつは勧善懲悪だと思うんですけど、当時はヒールでも一身にブーイングを集めるような存在がいなかったというか。であれば、ベビーフェイスなのにブーイングを浴びてる自分がそういう立場に回ればっていうことに気づきはじめた頃だったと思います。

——それがもう少し経ってから、ナルシストな部分を押し出した個性に繋がるんですね。ちなみにこのときの両国の一夜明け会見で、棚橋選手は03年5月に結婚し、お子さんがふたりいらっしゃることを公表しました。

めでたいはずの王座戴冠会見が謝罪会見になったんですよ、「申しわけありません、じつは結婚してました」っていう。ただ、いろんな場所で棚橋がベビーカーを押してる姿は目撃されてましたし、『G1』を獲ってベルトも取り戻して、ひとつの節目としてお伝えしたというか。まさに「パパはわるものチャンピオン」（棚橋の主演映画）になりました（笑）。

「チャラいヤツは嫌い」は新日本の総意

——IWGPヘビーのベルトを取り戻した直後、この年の8月に凱旋帰国したばかりの後藤選手が棚橋選手に宣戦布告。11・11両国で初防衛戦として、迎撃することになりました。
あのときの後藤の勢いと、周囲の期待感はすごかったですね。前哨戦から圧倒的に後藤のほうが声援を集めてましたし。俺がストロングスタイルではない、新しい新日本を作ろうとしてるところに、後輩ながら昔の新日本を感じさせる後藤が一気に飛び出てきたというか。

――その11・11両国の前に『G1タッグリーグ』が開催され、棚橋選手は前年に引き続き金本選手とのコンビで出場しました。このときの戦績を振り返ると、勝利を収めたのが10・18飯田の飯塚&山本組、10・22長崎の蝶野&曙組、10・24小倉の邪道&外道組、10・27鳥取の真壁&矢野組。敗北を喫したのは10・21福岡の後藤&ミラノ組、10・23宮崎の永田&中西組、10・26松山の当時IWGPタッグ王者だったバーナード&トムコ組。結果的に棚橋&金本組を含む4勝3敗の4チームが1位で並ぶ混戦模様となり、11・2後楽園で決勝トーナメントが行なわれました。

そのなかだとバーナード&トムコ組との試合をとくに覚えてますね。当時の地方大会では珍しくメチャクチャお客さんが入ったんですよ。試合内容よりもそこが印象深くて。金本さんとのタッグも2年目ということで、より息も合うようになって。あの人はウルトラマンや仮面ライダーがお好きだったので、そのあたりで俺とは話が合いましたね。当時、『仮面ライダー電王』が放送されてたんですけど、登場人物のセリフを拝借して「最初に言っておく、俺たちはかーなーり強い！」とか言って、ふたりで楽しんでました（笑）。

――そして、棚橋&金本組は11・2後楽園の決勝トーナメントでは1回戦で後藤&ミラノ組にリーグ戦のリベンジを果たすも、決勝でバーナード&トムコ組に惜敗を喫し、2年連続で優勝まであと一歩のところで涙を呑みました。

バーナード&トムコ組はどっちも身体がデカくて強さが伝わりやすいし、いいコンビだったんですけど、トムコが少し問題児だったというか。

――トムコ選手は翌08年の2・17両国でIWGPタッグ王座戦に臨みますが、その前日に他団体に突如参戦し、物議を醸しました。結局、その2・17両国で王座から陥落し、その後は新日本マットを離れて。

レスラーとしてのスペックは悪い選手じゃなかったんですけどね。IWGPタッグも獲ってタッグリーグでも優勝してるわけなんで。それだけにちょっともったいなかったなっていうのはありますね。

――そして、『G1タッグリーグ』を経て11・11両国で後藤戦を迎えますが、IWGPヘビー初挑戦に向けて気合い十分の後藤選手は、戦前から棚橋選手に「俺はチャラいヤツは嫌いです」と口撃をして。

これは意外に思われるかもしれないんですけど、そのときにはじめて「あっ、俺みたいなヤツをチャラいって言うのか」って思ったんですよ。自分の振る舞いを指すフレーズとして、〝チャラい〟っていうのがスッと腑に落ちたというか、そこで「じゃあ、もっとチャラくしてやろう」と思って。

——棚橋選手は王座戦の会見では「俺は外見だけじゃなくて内面もチャラチャラしてる」と応戦し、さらに後藤選手に「負けたら（俺みたいに）エクステンションをつけろ。そうすれば、また違う景色が見える」と要求して。

相手を逆なでする、いい切り返しですね（笑）。その後藤の「チャラいヤツは嫌いです」っていう言葉を、俺は当時の新日本の総意みたいなかたちで受け止めたんです。ファンの声援が後藤に傾くのもわかってましたし、だったら対立軸をもっとはっきりさせようというか。見た目の部分で当時がいちばんチャラく振り切ってた時期ですね。エクステをつけて、眉毛もいまより細く整えてました（笑）。そのあたりで「ブーイングも声援も、引き出してるのは俺だ」っていうふうに思いはじめたんじゃないかな。こっちの思惑どおりにリアクションが返ってくるというか。発想の転換でもあり、最初にＩＷＧＰヘビーを巻いたときとは、心持ちに変化が出てきてましたね。

——この後藤戦は互いに意地を真っ向からぶつけあう白熱の試合となり、棚橋選手はこの試合を長らく自身のベストバウトに挙げてましたよね。

そうですね。観客動員的には厳しかったんですけど（主催者発表６５００人）、声援がものすごかったんですよ。そのあと、それに匹敵するような試合がなかなかなくて、ちょっと抜け殻みたいになるくらいで。あのときは新日本らしくないことを売りにする棚橋と、新日本らしさを感じさせる後藤の対決というシチュエーションに、ファンも乗っかってくれたというか。

——新世代同士のIWGPヘビー級王座戦という部分でも期待を集めた王座戦でした。

後藤はそれまでの新日本では見られなかったような動きを出して、インパクトを残してましたね。メキシコ遠征で身につけたものを、もともとのファイトスタイルにうまくミックスして。それにあの肉体の変化もすごかったですし。ホント当時の後藤は期待値MAXだったと思いますよ。「近い将来、後藤の時代が来るぞ」って、多くの人が思ったでしょうし。

——試合は最後、棚橋選手がテキサスクローバーホールドで勝利を収めましたが、ビッグマッチであの技をフィニッシュにしたのははじめてでしたよね。

そうですね。あのときはハイフライフローを後藤の足に落として、痛めつけてからテキサスクローバーで仕留めて。それまでもたまに出してましたけど、注目された試合の最後に使ったことで、フィニッシャーとして定着したんじゃないかと思います。

——テキサスクローバーといえば、棚橋選手がファンだった小橋さんの得意技ですが、そこにインスピレーションを？

いや、とくにそういうわけでもなく、何か足関節のフィニッシュを探してたんですよ。ヒザ攻めで相手の動きを止めて最後にハイフライフローというのが必殺フルコースなんですけど、その

2007年11月11日、両国でIWGPヘビー王座を懸け後藤と対戦し、勝利。1か月、試合の余韻が抜けなかった。

ままヒザ攻めで勝てる技もほしくて。ムーンサルトプレスが必殺技の武藤さんの足4の字固めのようなイメージですかね。自分の攻撃の幅を広げるものを探していたら、繋ぎ技として時折使ってたテキサスクローバーを、後藤を下したことでフィニッシュホールドに昇華できて。

——昔からある古典的な技に光が当たったというか。リング上の勝者インタビューでは、満身創痍の棚橋選手はヒザをついて「一言だけ、ありがとうございました」とコメントするのみで、「愛してま～す！」ができないほどでした。

バックステージでも大の字になって、しばらくコメントを出せなかったですから。ほかにもこの試合のことは、いろいろ覚えてますよ。試合前、海野レフェリーに「今日はお客さんが少ないけど、こういうときに『観にいけばよかった！』って思わせるような試合を期待してるから」って発破をかけられて。あと、後藤のセコンドとして同じＲＩＳＥの中邑が付いてたんですけど、人づてに聞いたところによると、試合後に「俺、いらねえじゃん」って言ってたらしいです。外への発信力だけじゃなく、選手間にも刺激を与えるような試合だったのかなと。そういうのもあって、いまでもこの試合は俺のなかで色濃く残ってます。

HIROSHI TANAHASHI

HIGH LIFE

第12章

「ブーイングもっとください」

1976-2009

「ベルトがなくても俺は輝く」

――棚橋選手が2007年の11・11両国で後藤選手との激闘を制した直後、中邑選手と真壁選手が次期挑戦者に名乗りを挙げました。その両者が12・9名古屋で直接対決を行ない、勝利したほうと棚橋選手は08年の1・4東京ドームで対決することになります。

2007年の1・4東京ドームでIWGPヘビー級王者として太陽ケア選手と戦ったときは実質的なセミだったので、08年の1・4東京ドームがIWGPヘビーを巻いてはじめてのメインだったんですよね。こっちとしてはその相手が中邑なのか真壁さんなのか、高みの見物というか。当時はそのふたりと、俺や後藤を合わせて〝四天王〟って呼ばれるようになって。おもしろい時期でしたよね、新日本に新たな顔が生まれつつあって。

――そして、ドーム決戦の相手は真壁選手を下した中邑選手に決定。中邑選手とは05年の1・4東京ドームのメイン（IWGP U－30王座戦）が初対決で、それから3年が経ち、同じ舞台で今度は団体の至宝を懸けて対峙することになりました。

その3年のあいだで、俺のほうがいろいろ変わったと思います。自分の先を走ってた後輩を追い抜いて。俺と中邑はウサギと亀でしたよね。ウサギもこのあと、また走り出すんですけど。

――このときの中邑戦で、棚橋選手ははじめてドームの花道で軽やかなスキップを見せています。

一昔前の新日本だったら考えられないことですね。棚橋は新日本らしくないと言われてきたからこそ、そこに対する挑発というのはあったかもしれないです。あと、入場というのは初見の人に対する、自分がどういうレスラーかっていう説明書の側面があって。花道をにこやかにスキップで入ってきたら、「なんだ、コイツ？　ほかのレスラーと違うぞ？」となるわけで、そういう狙いもあって。べつに楽しくてルンルンしてるわけではないと（笑）。

――試合は棚橋選手が非情ともいえる左肩攻撃で攻め込みました。

中邑が欠場するきっかけになった、永田さんの雪崩式エクスプロイダーまで出しましたからね。あとは珍しくタイガースープレックスもやって。

――タイガースープレックスはかつての中邑選手の得意技のひとつでしたが、過去のおふたりの戦いを振り返ると、わりと相手の得意技を繰り出していたというか。

そこはライバル関係っていうのを意識してたんでしょうね。観てる側にも伝わりやすいように。基本的に中邑との試合はいつも新しい感覚がありましたよ。周囲から比較されるからこそ、毎回その前の試合を超えなきゃというプレッシャーはありましたし。後年、中邑が「棚橋戦はすべて特別だった」みたいなことを言ってくれてたみたいなんですけど、俺もそんな気持ちですね。このときのドームの試合に関しては、中邑のほうが立ち位置的にあとがなかったと思うし、死に物狂いな感じが伝わってきました。

——終盤、棚橋選手がハイフライフローに行こうとしたところ、中邑選手は倒れながらも足にしがみつきます。それを棚橋選手はストンピングで蹴散らしコーナーに登りますが、中邑選手は追いかけて初公開となる雪崩式ランドスライドを炸裂して。

ものすごい高さから落とされたんで、あとで映像を観て「ムチャするなぁ」って思いました。受身が取りきれないですし、取ったとしてもダメージを逃がしきれない技ですから。中邑があれを出したのは数えるほどしかないないですし。あの技が決まる瞬間、女性の大きな悲鳴が上がったんですよ。雪崩式ランドスライド、文字にしてもエグいですよね（笑）。

——最後はその雪崩式に続く正調のランドスライドで、中邑選手がIWGPヘビー2度目の戴冠を成し遂げました。これで棚橋vs中邑の通算戦績は、中邑選手の3勝2敗1分けとなって。

ホント、中邑とは抜きつ抜かれつって感じで。でも、その頃の中邑はまだ、結果を残してこそファンに認めてもらえるレスラーだった気がします。ベルトを持つということが重要だったというか。俺はその頃にはベルトを巻いても巻いてなくても、ブーイングにしろ声援にしろ、ファンの反応を勝ち取ってきてるという感触をつかみつつあったので。

——たしかに中邑選手のカリスマ的人気が爆発するのは、その動きを称して〝グネクネ〟と言われた2011年頃からというか。

そうですね。レスラーとしての成熟期を迎えたのは、俺のほうが先だった気がします。

2008年1月4日、東京ドームで中邑に敗れ、IWGPヘビー級王座陥落。雪崩式ランドスライドはダメ、絶対。

――棚橋選手の2度目のIWGPヘビー級王者時代は3か月に終わりましたが、手応えがあった期間だったのでは？

たしかに自分の立ち位置をより確立できたと思います。後藤とすごい試合をやって、中邑とドームのメインを堂々と張って。新日本に新しいうねりが生まれつつある感じがしました。

――ちなみにこの王座陥落のあと、棚橋選手は「ベルトがなくても俺は輝く」と発言されています。先ほどの「ファンの反応を勝ち取ってきてる」というお話に通ずるというか。

強がりもあったんでしょうけど、「こんなことじゃ俺は落ちない」っていう気持ちは持ってましたね。「ベルトは自分を輝かせるものだけど、俺はベルトがないと輝けないレスラーじゃない」っていう自信みたいなものが芽生えてたんだと思います。

〝武藤敬司をムキにさせた記念日〟

――IWGPヘビー級王座から陥落した棚橋選手は、2・17両国ではTNAとの対抗戦として、AJスタイルズ選手と対峙します。AJ選手とはこの2年前にTNAのリングで対戦し、そのときはAJ選手が勝利を収めていました。

舞台を日本に移して再戦を迎えたってことですね。当時、すでにAJの名前はアメリカ中に轟いてましたけど、まだ日本にはいまいち伝わってなくて、そのときの俺がフィルターみたいな感じだったというか。実際、その役割を果たすような試合ができたと思います。

――好勝負の末、最後は棚橋選手がハイフライフローで勝利。そして試合後に「オイ、天才、またやろうな」とマイクアピールをしたのが印象的です。

AJは天才としか言いようがない身体能力でしたね。当時はまだ、のちに新日本でIWGPヘビーを巻いたときほどビジュアルが洗練されていないというか、短髪でヒゲもなくて大学生みたいな風貌でしたけど、その頃から動きはものすごくて。新日本のあとはWWEでも成功してますけど、ピカピカ光る原石でしたね。

――AJ選手は14～15年のあいだにIWGPヘビーを2度戴冠。16年からはWWEに主戦場を移すと、同団体でもシングルのベルトを総なめにする活躍を見せています。

当時の俺はまだブーイングが飛んでた頃ですけど、AJに「天才、またやろうぜ」って言ったときは、会場が歓声に包まれたんですよ。ファンが俺の意見に共感してくれたわけで、「あ、声援ってうれしいな」って再確認できたのは、AJさまさまでした（笑）。

――この試合後、棚橋選手は「今年のテーマは〝宇宙〟です。世界標準という言葉が流行りましたが、俺は宇宙標準」とコメントを残しています。

宇宙までいきましたか（笑）。いまは経験を積んだぶん、いろいろなことを考えて発言すること

2008年2月17日、両国でAJスタイルズと対戦し、初勝利。「天才、またやろうぜ」とマイクアピールし、またやることになるのよねー。

が多いですけど、当時はナチュラルなビッグマウスというか。草の根的なプロモーションも多かった時期なので、プロレスのスケール感、レスラーとしてのスケール感を出していきたいって思ってたんじゃないですかね。あとは自分の言葉に対して、ファンが反応してくれる喜びも感じはじめて。それで自分自身もおもしろがって、「宇宙」とか「俺の成長は光より速い」とか言うようになって。このあたりから、移動中に本を読んだり映画を観たり、「何かプロレスに還元できないかな？」っていうアンテナは立ててましたね。

——棚橋選手はさらに「俺はどこにでも通用する。その自信があるから大口だって叩くし、武藤敬司の前でも俺は俺を突き通す」と続けました。これは全日本プロレスの3・1両国で、はじめて師匠である武藤選手とタッグを結成することを踏まえての発言で、その大会では川田&ケア組と対戦しました。

よく覚えてますよ、〝武藤敬司をムキにさせた記念日〟なんで。俺たちが勝ったんですけど、試合後に武藤さんの「LOVE」ポーズと棚橋の「愛してま〜す！」ポーズのどっちで締めるかで、ひと悶着あって（笑）。最後はふたりで一緒にポーズを決めるんですけど、前に全日本に上がったとき（05年の2・16代々木）に武藤さんにシングルで完敗だったことを考えると、ちょっと感慨深かったです。「あ、俺、武藤敬司と肩並べてるんだ」って。もっと若手の頃にも全日本に参戦したこともありますけど、上がるたびに自分のランクアップを実感できるリングでしたね。あと、こ

2008年3月1日、武藤さんとのタッグで全日本にひさびさに参戦。初シングルから3年。
武藤さんに負けない個性、“チャラ男”を身につける。[写真提供:週刊プロレス]

の全日本の両国に向けた会見で、武藤さんに「タナの肉体がうらやましい」と言ってもらったのも覚えてます。

――ただ、この両国大会の試合後、武藤選手は棚橋選手に「おまえ、軽いヒールかと思ってたら、お客、ホントに嫌いなんじゃないの？（笑）」と発言されていて。

ベビーの立ち位置なのにブーイングが飛ぶってところで、武藤さんに「おい、プロレス壊すなよ」って言われたのはこのときです（苦笑）。まあ、全日本というアウェーのリングだったっていうのもあるんですけど。でも、当時の俺はブーイングに対してどう立ち回っていいのか、ようやくつかみはじめていた時期で「じゃあ、ブーイングをもっとください」という心持ちになってました。その頃はよく、キザでいけすかないレスラーの試合をいろいろと観てましたね。WWF時代のリック・マーテルとか、ザ・ロッカーズを解散してシングルプレイヤーになったばかりのショーン・マイケルズとか。キザっていうのは意識してました。

――この全日本の両国大会のラストで、4月開催の同団体の『チャンピオン・カーニバル』に向けてさまざまな選手が出場をアピールするなか、武藤選手に呼び込まれた棚橋選手は「チャンカンにひとりぐらいイイ男がいないと盛り上がらない。俺が出たらどうなると思う？　優勝するわ、そういう顔してるだろ？」と発言しました。

キレッキレのコメントじゃないですか！　いまよりもキレてますよ（笑）。新日本の所属選手が

『チャンピオン・カーニバル』に出場するのははじめてだったんですよね、武藤さんが架け橋となって。そのあとのことを考えると、そこから歯車が少しずつ回りはじめた感じがあります。

2度目の『NEW JAPAN CUP』制覇

――『チャンピオン・カーニバル』の前に、新日本では中邑選手のもつIWGPヘビー級王座への挑戦権を懸けた春恒例の『NEW JAPAN CUP』が開催され、棚橋選手も出場します。

このときはもう、自分からファンの支持を集めないように振る舞ったというか、とくに丸め込み決着が多かったんじゃないですかね。まわりから望まれるものの逆、逆を意識してましたよ。

――たしかに3・9愛知の1回戦では、棚橋選手が後藤選手の昇天を首固めで切り返して勝利しています。前年11月の両国の真っ向勝負から4か月のスパンでの再戦となりましたが、最後は一瞬のスキをついた妙技で仕留めて。

いま思うと後藤との試合は、その凱旋帰国して一発目の両国の試合がすごすぎちゃったんですよね。あれを超えるのは至難の業だなっていう。ただ、その『NJC』のときも後藤の勢いは死んでなかったんで、そういう相手に勝つには丸め込みが打ってつけっていう考えはありました。

――続く3・21千葉の2回戦では田口選手との階級差を超えた対決となりました。戦前、棚橋選手は「セクシーvsファンキー、酒池肉林の戦いになるかも」と発言されてましたが、実際はオーソドックスな展開となり、敗北を喫した田口選手は「こんなに差を見せつけられるとは。（棚橋は）遊びの部分、ゆとりを持っていた」とコメントを残しています。

田口はなんでもできる選手なんですけど、当時はいまみたいに振り切ってないときでしたよね、監督以前というか。〝監督以前〟という言葉もよくわからないですけど（笑）。〝ファンキーウェポン〟がキャッチフレーズでしたが、ファイトスタイルは正統派で〝ファンキー負け〟してましたね、まだ。まさに本人の言葉どおり、遊びの部分が足りなかったのかなとは思います。

――そして、3・23尼崎の準決勝では真壁選手と対峙します。このときは棚橋選手よりもヒールである真壁選手のほうに歓声が集まりました。

典型的な逆転現象ですね、当時の真壁さんはヒール人気がかなり高まっていて。雑草と言われたところからトップ戦線にのし上がり、ファンの感情移入を誘うというか。

――棚橋選手は真壁選手をハイフライフローで下すと、決勝では過去に幾度となく好勝負を繰り広げてきたバーナード選手と対峙しました。最後はバーナードボムを前方回転エビ固めに切り返し、3年ぶり2度目の『NJC』優勝を達成。そして、「ベルトが俺を呼んでいる」と、この年の1・4東京ドームで陥落したIWGPヘビーの奪還を宣言します。

当時はいまよりもIWGPヘビーに絡むメンツが限られていたというか、常に自分がIWGP

ヘビーの輪にいた感覚はありましたね。このときの『NJC』のモチベーションとして、中邑へのリベンジっていうのは大きかったです。

――そして、3・30後楽園で中邑選手のIWGPヘビーに挑戦しますが、この前日に『NJC』優勝祝賀会を開き、棚橋選手は「ベルトをお持ち帰りします」とチャラさ全開のコメントをしています。

ファンにチャラいイメージを伝えるのにズバリな言葉ですね（笑）。おもしろがる人もいれば、嫌悪感を抱く人もいるでしょうけど、半ば確信犯的というか。

――棚橋vs中邑という黄金カードは東京ドームでは3度実現していますが、後楽園ホールではこのときのみとなります。同じカードでもドームのような大きな会場と、後楽園のような会場でやる場合、何か自分のなかで微妙な変化はあるのでしょうか？

いや、あんまり変わらないです。ただ、ドームは会場の構造上、声援が遅れて聞こえてくるので、ちょっと試合のリズムが作りにくいところはあって。そういう意味では後楽園のほうが戦いやすいです。その後楽園の中邑戦もドームに続いて負けちゃったんですけど、戦っておもしろかったのを覚えてます。

――ちなみにビッグマッチのたびに飛んでいた棚橋選手へのブーイングが、このときの後楽園はほぼ皆無で、それだけふたりの対決に期待が高まっていたというか。

2008年3月23日、尼崎で『NJC』2度目の優勝。本当にバーナード選手とは要所要所で戦っている。

その3か月前にドームのメインでやった棚橋vs中邑を後楽園でやるという部分で、歓声やブーイングを超越したというか、プレミア感が強かったんでしょうね。

――試合展開としては、棚橋選手がランドスライドを回転エビ固め、飛びつき腕ひしぎ逆十字をエビ固めで押さえ込むなど、切り返し技で王者を追い込む場面が目立ちました。しかし、最後は棚橋選手の回転足折り固めを、逆に中邑選手が腕ひしぎ逆十字で切り返して王座防衛に成功して。

最後の場面はよく覚えてます、自分が切り返しで負けるっていう想像をしてなかったので。ドームでやられた雪崩式ランドスライドも、通常のランドスライドもしのいだんですけど、裏の裏をかかれたようなフィニッシュでした。何回も対戦してる相手だと、定番ムーブっていうのがあるんですよ。出る順番は試合のなかで変わっても。それは棚橋vsオカダにもありましたし。ただ、棚橋vs中邑に関しては「このふたりだからこの攻防が出る」っていうものがあまりなくて、不思議な対戦相手でした。

――棚橋選手が「中邑戦はいつも新しい感覚があった」というのは、そのあたりが要因なんですね。

俺自身の使う技はそんなに変化はないんですけど、中邑が変化していってるんですよね。スーパールーキー時代、凱旋帰国当時の不慣れなヒール時代、そしてカリスマになったクネクネ時代。中邑が変化してるから、試合内容も固まらなかったのかなって思います。まあ、このときは『N

JC』で優勝した勢いを中邑に止められたかたちでしたけど、俺にはこの直後に『チャンピオン・カーニバル』が控えてたんで、気持ちは全然落ちてなかったですね。むしろ中邑との試合で気が引き締まりました。

満身創痍の『チャンピオン・カーニバル』

――そして、4月5日から開幕した全日本プロレスの『チャンピオン・カーニバル』に新日本所属として乗り込みます。

戦前からかなりワクワクしましたよ。当時の全日本プロレスは〝武藤全日本〟でしたけど、まだ〝馬場全日本〟の匂いも残っていて、そこに異分子として侵入するわけで。

――このときの『チャンピオン・カーニバル』はA、Bの各ブロックに5人ずつエントリーし、4月5日〜9日の後楽園5連戦を舞台に開催されました。Aブロック出場の棚橋選手は初日は公式戦がなく、Bブロック出場の諏訪魔選手とタッグマッチで対峙します。諏訪魔選手は征矢学選手を引き連れ、棚橋選手は当時若手だった内藤選手とタッグ初結成を果たして。

内藤はそういう対抗戦に向いてたんですよね。物怖じしないし、新日本愛が強いゆえ、他団体への負けん気がすごくて、若手ながら組んでいて頼もしかったですよ。あれは内藤にとってもいい経験だった気がしますね。

——ちなみに内藤選手は後年、このときのことについて「対戦相手よりも棚橋弘至のほうが気になった」と発言していました。

負けん気がこっちに向いてましたね。1対3の構図だったとは（笑）。

——そして、この試合で勝利を収めた棚橋選手は、会場の全日本のファンに向かって、挑発するように「優勝しに来た！　前祝いをやるぜ！」とアピールし、「愛してま～す!!」を敢行します。

とにかくアウェーのリングでブーイングを集めようとしていたというか。異分子として『チャンピオン・カーニバル』でどういう化学反応を巻き起こすか、その役割を分析してたからこそのアピールでしょうね。でも、棚橋をマジで嫌ってる人もいて、そういうファンはブーイングすら起こさないんですよ。これは大学の先輩である芸人のユリオカ超特Qさんに聞いたんですけど、会場で俺の一挙手一投足に何も反応を示さず、ただ小さい声で「棚橋、マジで無理」ってささやいてたお客さんがいたと（苦笑）。でも、自分のやってることに迷いはなかったですね、道は見えていたというか。「嫌われるんならとことん嫌われてやろう」っていう覚悟があったんで。

——棚橋選手がエントリーしたAブロックは、ケア選手、武藤選手、川田選手、小島選手（当時・全日本）と歴代の三冠ヘビー級王者が揃い、外敵優勝を狙う棚橋選手の包囲網が形成されていたというか。4・6後楽園のケア戦では、棚橋選手がハイフライフローで勝利を収めていますが、終盤には金的攻撃を繰り出してるんですよね。アウェーのリングということもあり、2007年の1・4東京ドームでケア選手と対戦したときとは異なる試合運びで。

金的を出したのはあえてというのもありますし、相手に傾きかけたペースを寸断する部分もあったと思いますよ。その金的の前に、ケア選手のバックドロップで脳天から落ちちゃって、かなり首にダメージを食らって痛めた部分がすごく熱を持ったんで「あっ、いつもと違う」と思いましたね。一昔前の全日本プロレスらしさというか、初戦で垂直落下系の洗礼をいきなり受けて。結果、この首のダメージはその後の公式戦でも尾を引いたんですけど、こっちはチャラさで売ってるのに、そこを見せるのは違うと思って黙ってました。

――続く4・7後楽園での公式戦2戦目は武藤選手と対峙し、30分時間切れ引き分けに終わりました。05年の2・20代々木の初シングルのときが完封負けだったのに比べると、このときは堂々と渡り合ったというか。

30分があっという間だったのを覚えてます。武藤敬司の個性っていうのは、ほかのレスラーにとっては脅威なんですけど、『チャンピオン・カーニバル』直前の3月の両国で、はじめて俺にムキになってくれたので、心理的に気後れすることがなくて。でも、残り時間3分くらいからの武藤さんの動きがすごくて。一気にたたみかけてきたんで、集中力が半端じゃないなって驚きましたね。あと1、2分あったら、やられてた可能性は高かったです。最後、武藤さんがムーンサルトプレス狙いでコーナーに上るのが見えて、「まずい！」と思ったところで、「カンカンカン！」っていう試合終了のゴングの音に救われたというか。あらためて「武藤敬司、恐るべし！」って思いました。

——でも、武藤選手も試合後のコメントで「（棚橋は）だいぶ成長してるけど、うれしくはない」と余裕のない発言を残しています。

ああ、それは逆説的な褒め言葉と取れますね。武藤敬司っていう圧倒的な個性の前で、存在感を消されず渡り合えたのは大きな収穫でした。

——3戦目では川田選手との初シングルを迎えます。

川田さんとシングルで当たったのは後にも先にも、このときだけなので貴重な対戦だったと思います。あの川田戦は武藤さんとの試合に続いて30分時間切れ引き分けだったんで、本当にしんどくて。2試合連続ドローは『G1』でも経験したことないですし。試合自体は、ちょっとリズムが合わなかったですね。

——試合巧者同士の対戦ですし、少し意外に聞こえるというか。

そのあたりがプロレスの難しいところでもあり、おもしろいところでもあるんですけどね。まったくタイプが違うほうがスイングしたりする場合もあるので。あの川田戦に関しては、戦前に思い描いていたほど攻防がハマらなくて、その要因として俺が若かったっていうのはあると思い

『チャンピオン・カーニバル』公式戦2戦目の相手は武藤さん。30分時間切れ引き分け。
夢のような時間でした。勝てなかったけど。[写真提供:週刊プロレス]

ます。この『チャンピオン・カーニバル』に臨むにあたり、俺がいちばん心がけたのは〝武藤敬司に負けない棚橋作り〟だったんですね。そこに気を取られすぎて、川田対策が十分じゃなかったというか。相性というのもありますけど、たとえばタイプ的に石井vs川田だったら、めちゃくちゃハマッた試合になったと思いますね。こうやって話してるだけでも観たくなりますし。

――川田選手の弟子であるタイチ選手と石井選手の試合は毎回好勝負ですよね。

タイチも川田選手とは空気感が全然違うんですけど、自分の個性に全日本プロレスという自身のルーツをうまく落とし込みましたよね。〝ひとり全日本〟というか、「いいとこ、いったな」って思います。このときの川田戦での俺のミステイクとしては、ハイフライをかわされて足を痛めちゃったんですよ。いまはわからないですけど、当時の全日本のマットは真ん中に衝撃を逃すスプリングが入ってなくて、その代わりにマット自体が少し柔らかい作りになってるんです。で、ハイフライをかわされたときに、ヒザ上の大腿四頭筋を打ちつけて筋挫傷を負ってしまい。最初、靭帯を痛めたかなと思ったら、筋肉自体を損傷してたんですよ。ここからがたいへんでしたねえ。

――翌日の小島選手との最終公式戦に勝利すれば、同日行なわれる優勝決定戦への進出が決まるのに、大きな痛手を背負ってしまったと。

足が腫れて痛みもひどくて、さらにヒザも90度曲がらなかったですから。川田戦のあと、階段も一段ずつゆっくりしか上れなくて。それを見たカズ・ハヤシ選手（当時・全日本プロレス）が、

『チャンピオン・カーニバル』公式戦3戦目は川田選手との初対決。時間切れ引き分けでしたが、ヒザも負傷し、ボコられました。［写真提供：週刊プロレス］

思わず「棚橋選手、無理じゃないですか？」って言ってましたからね。だから、翌日の小島さんとの試合はホント、精神的にも肉体的にも本当にギリギリでしたよ。

――小島戦の前に痛み止めは？

試合前に6本……いや、違うな。会場入りして6本、試合前に6本、全部で12本打ちましたね。だいたい普通は1、2本ですから。それだけ打っても痛みは残ってましたけど、こっちは新日本の看板で敵地に乗り込んでるわけで、さらに向こうの目玉シリーズに穴を空けるわけにもいかない。何より結果もほしかったんで、もう意地でしたね。

――結果、最終公式戦では小島選手をオリジナルホールドである電光石火（相手に向かって走り込んでの首固め）で仕留めました。

あのフィニッシュは電光石火史上、最高の電光石火でしたよ。小島さんにはその2年前の『G1』公式戦で煮え湯を呑まされていたんで、そのリベンジにもなりましたし、なんとかAブロックを突破することができて。明らかにドロップキックも飛べてなくて、よく試合になったと思うし、よく勝ったなって思います。

――この小島戦は相手が第三世代ということもあってか、棚橋選手は永田選手ばりに腕固めからの白目を見せてるんですよね（笑）。

満身創痍のなかでも、そんなスパイスを入れてましたか（笑）。まあ、あの頃の小島さんは、いまよりもだいぶ尖ってたんで、あえて挑発的な動きを出したのかもしれないですね。小島さんは元・新日本ですけど、全日本としての誇りみたいなものが感じられたし、ヒリヒリした殺伐感があって。棚橋vs川田よりも、棚橋vs小島のほうが刺々しい雰囲気でした。

NO PAIN NO GAIN

――そして同日、Bブロックを勝ち抜いた諏訪魔選手との優勝決定戦に臨みます。諏訪魔選手としては外敵優勝を食い止める役割を持って対峙したというか。

このときはもう、会場が最初から大「諏訪魔」コールでしたから。それを聞いて「ああ、そうか。俺はこの『諏訪魔』コールのために、ここまで積み上げてきたんだな」って思いましたよ。プロレスの構造をあらためて理解した瞬間でもあったし、「だから、俺は『チャンカン』に呼ばれたんだな」と。怒涛の5日間を通して手応えもあったし、最後は1日2試合でしたけど気合いが入りました。諏訪魔選手は俺と年齢的には同級生なんで、そこもちょっと意識しましたね。

――諏訪魔選手は2004年に大型ルーキーとしてデビューし、次期エースへの階段を上っていた時期でした。レスリングで数々の実績を残し、日本人屈指の巨体とパワーを誇る選手ですが、シングルで対戦してみていかがでしたか?

最初に俺が挑発で張り手を「バチーンッ！」とかましたら、倍返しくらいの張り手が飛んできました（笑）。試合自体は俺が引っ張っていった部分はあったと思います。直線的な選手だったので、いなしつつリズムを作ったというか。でも、やっぱりパワーはすごかったですね。最後、ラストライドでおもいっきり叩きつけられたときは、意識が一気に飛びましたから。

――結果は準優勝ですが、棚橋選手は外敵として裏MVPと言っていい活躍でした。このときの『チャンピオン・カーニバル』を通し、棚橋選手は和田京平レフェリーとやり合って場内をさらにヒートさせて。

全日本は試合前のレフェリー紹介で「キョーヘー！」ってコールが起こるくらい和田さんへの信頼感がすごかったんで、そのへんも利用してやろうって思ってました。あのときは新日本vs全日本という図式が明確だったので、わりと新日本のファンも会場に来てくれてたんですよ。だからこそ対抗戦の熱が上乗せさせられたというか。

――この諏訪魔戦後、会場を「全日本」コールが包みましたが、これは棚橋選手が大きな仕事を成し遂げた証明だと思います。

もちろん結果は悔しいんですけど、我ながらよくがんばったシリーズでしたね。試合後のコメントも満身創痍ながら「今日の朝までいいわけ考えてやる、何食わぬ顔で新日本に戻ってやる」って強がりを言って。まあ、他団体に出たダメージで、そのあとに自分の団体の試合を欠場して

『チャンピオン・カーニバル』優勝決定戦では、全日本のホープである諏訪魔選手と激突。後楽園ホールの歓声がすごかったなぁ。もしかしたら、あのときがMAXかも。[写真提供：週刊プロレス]

しまったのは、いただけなかったですけどね。代償は大きかったですけど達成感と充実感はあって、まさに「NO PAIN NO GAIN」だったというか。

——痛みなくして得るものなしと。実際、棚橋選手の公式戦は、どれもその日いちばんと言っていいくらいの盛り上がりでした。

このあたりから俺に対するブーイングの種類も変わってきたというか。頼りないからじゃなく、いけすかないとかキザだからとか、自分自身の振る舞いで引き出している感覚でしたね。想定してないブーイングって凹むんですけど、こっちが計算して生み出されたものに手応えを感じて。この『チャンカン』は本当にいろんなことを学ばせてもらいましたよ。俺にとっては経験値という意味で、出世シリーズだったと思います。極端な話、このときの『チャンカン』に出ていなかったら、いまの棚橋弘至はできあがってなかったかもしれないですし、そのくらい大事な気づきやひらめきがあったシリーズだと思います。

HIROSHI TANAHASHI

HIGH LIFE

第13章

武藤敬司を超えた日

1976-2009

前十字靭帯完全断裂

——2008年4月、全日本プロレス『チャンピオン・カーニバル』参戦のあと、左ヒザの負傷を理由に長期欠場に入ります。このときは左ヒザの前十字靭帯完全断裂と外側半月板断裂、さらに筋挫傷とかなりの深手だったそうで。

『チャンカン』が終わって筋挫傷の検査に行ったら、左ヒザの前十字靭帯が切れてたんですよね。ただ、それはその直前で負ったものではなくて、01年の時点で切れてたのが判明して。

——気づかずにずっと試合を続けていたと?

そうなんです、切れてから7年くらいキャリアを重ねていたみたいで(笑)。当時、シルバー・キングというメキシコの選手と対戦したときに、ロックアップで組み合おうと左足を踏み込んだ瞬間、カウンターの低空ドロップキックを食らったんですよね。そのときにヒザが逆くの字に曲がったんですけど、思い返すとそのときに切れてたんだなって。その2週間後に東京ドームで健介さんと組んでスタイナー・ブラザーズと試合してるんですけど、いま思うとよく試合したなって。

——靭帯が切れても動けるものなんですか?

ヒザに緩さはあるんですけど、腫れが引いたら可動域が戻ったんで、あとはテーピングしながらリングに上がり続けてました。病院でＭＲＩを撮ったときに、お医者さんに「靭帯が身体に吸収されたのか、見当たらないですね。これは最近、切れた感じじゃないですよ」と指摘され、記憶を遡ると01年に思い当たったと（苦笑）。『チャンカン』で達成感や充実感はあったものの代償は大きく、その後２大会は出たんですけど、歩くのもままならなかったので、会社に「すみません、こういう状況で……」と説明をして。

――その後、欠場期間は4か月に及び、同年8月の『Ｇ１』から復帰を果たしますが、これは2連覇のかかった大舞台に間に合わせようと？

そうですね、完治という感じではなく完全にスクランブル発進だったと思います。このときに筋挫傷を負ったのもあってか、俺は左足の大腿四頭筋のうち、左上の部分だけ筋肉がポッカリないんですよ。あれ以降、ここはなかなか筋肉がつかないですね。

――『Ｇ１』での復帰はやはり厳しかったのか、棚橋選手は初戦の8・9愛知での井上戦で勝利を収めるも、続く8・11横浜の真壁戦、8・13後楽園の中西戦、8・14大阪の小島戦、8・15大阪のバーナード戦と悪夢の4連敗を喫します。8・17両国での最終公式戦は大谷選手（ＺＥＲＯ１）に勝利するも、最終戦績はＡブロック2勝4敗で6位、最下位タイでした。

『Ｇ１』は復帰明けで通用するような舞台じゃなかったってことですね。その年の『ＮＥＷ ＪＡＰＡＮ ＣＵＰ』で優勝して、『チャンカン』で準優勝。でも、勢いを持続できずに『Ｇ１』で大きくつまずいたと。

――2戦目の真壁選手には徹底したヒザ攻めを食らった末、最後は監獄固めで敗れていますが、棚橋選手は担架で運ばれながら「見てのとおりヒザは全然大丈夫だ」とコメントしています。

「全然大丈夫じゃないだろ!」っていうね(苦笑)。〝武士は食わねど高楊枝〟というか。俺、プロレスっていうのは痩せ我慢の競技だと思うんですよ。「痛ってえ! でも打ってこい!」みたいな。前向きに捉えると、そういうプロレスラーの矜持がそのコメントには出てるんじゃないですかね。

――最終公式戦で棚橋選手が勝利した大谷選手とは、このときが唯一のシングル対決となります。当時、新日本とZERO1が抗争関係にあり、その流れで団体のトップである大谷選手が参戦。棚橋選手にとっては元・新日本の先輩に当たりますね。

大谷さんが新日本を退団されたとき、俺はヤングライオンでしたけど、当時はかわいがってもらいましたよ。「タナくん、すごい身体してるね!」って言っていただいたり。先輩って、あまり後輩のことをそうやって褒めないものなんですけど、大谷さんは練習が終わると気さくに話しかけてくださって。大谷さんはとくに真壁さんと仲良かった印象がありますね。真壁さんの若手時代は苦労話がいろいろありますけど、「大谷さんだけは違った」っていう言いかたをしてるのも聞いたことあるし。大谷さんはリング上では熱く、リングを下りると温かい方というイメージです。

2008年8月11日、横浜での『G1』真壁戦でヒザ攻めを食らう。完敗。

――このときの『G1』は最終的に後藤選手が優勝決定戦で真壁選手を下し、初制覇を成し遂げました。最終戦前日の8・16両国のメインでは、スペシャルタッグマッチとして棚橋&AJ vsカート・アングル&中邑が組まれています。いま振り返ると、夢のカードというか。

ちょっと唐突感はありますけど、あまり現在進行形の流れとは関係なくパッとこういうカードが組まれたりするのは、一昔前の新日本プロレスのいいところだったのかなって思いますね。

――たしかに90年代あたりのビッグマッチだと、前哨戦がなく他団体の選手や大物外国人とのシングルが組まれることがありましたね。このときは同年2月の両国で棚橋選手が好勝負を繰り広げたAJ選手、同じ大会でIWGPヘビー級王座戦を行なった中邑選手とアングル選手がそれぞれ初タッグを結成して。

ワクワクしたのを覚えてますよ、とくにアングルははじめて対峙したんで。WWEでトップを獲った選手ですし、半分ファン的な目線というか、「すごい選手を引っ張ってきたな！　新日本、グッジョブだな！」って思いました。まだ新日本が勢いを盛り返す前の時代ですけど、キラリと光る選手が時折参戦してたんですよね。そういうレスラーと試合ができたのは誇りですね。

――このときの『G1』全体の印象としてはいかがですか？

『G1』初戦で飯伏のやり投げでいきなり首をケガしたっていうのはありましたけど（2015年）、開幕前から身体がきつかったのはこのときくらいですね。でも、万全な状態じゃないけど

『G1』の特別試合で“天才”AJとタッグを結成。対する相手は中邑＆アングル。ねえ、メンツすごくない？　ねえ。［写真提供：週刊プロレス］

『G1』を戦い抜けたっていうのはひとつの自分の財産というか、「プロレスラーって、こういうことなんだな」って思いました。どんな状況であっても、リングに立つという心意気は見せることができた気がします。

――このあと、8・26後楽園でレッドシューズ海野レフェリーの20周年興行が行なわれ、そのメインで棚橋選手はライバルの中邑選手とひさびさにタッグを結成し、後藤&内藤組と対峙します。若手だった内藤選手が抜擢を受けたのは、海野レフェリーたっての希望だったそうで。

その話は知らなかったですけど、いま思うとおもしろいカードですよね。海野さんも内藤の光る部分や可能性を感じてたってことでしょうし。中邑とのタッグも自分のなかでは特別感があって。

――中邑選手とは05年10月のIWGPタッグ王座陥落をきっかけにコンビを解消。以降、ふたりが組んだのは07年3・6後楽園の1回のみで、このときは1年5か月ぶりのタッグでした。この8・26後楽園の試合について内藤選手に伺ったところ、序盤に棚橋選手の張り手を食らって記憶が飛び、本来の動きができなかったそうです。それもあってか、しばらく内藤選手は海野レフェリーに「せっかく抜擢したのに」と言われたそうです。

チクチクやられましたか（笑）。まあ、棚橋の張り手は内藤以外にも後藤（13年の『G1』公式戦でアゴを骨折）とか、意外と被害者がいますから。でも、こっちからすると内藤の張り手こそ

2008年8月26日、後楽園でのレッドシューズ海野レフェリー20周年興行。中邑とひさびさにタッグを組む。またあるかなぁ。

強烈ですけどね。一種の隠し技というか。俺も内藤も野球をやっていたので、手首のスナップが効いているのかもしれないですね。あとは当たる場所で威力も変わるというか、頬や首じゃなくアゴに入ったら脳が揺れますから。その試合でいうと、俺と内藤の関係性が注目されていたと思いますけど、個人的には中邑と内藤の絡みがおもしろくて。というのは、中邑は試合で内藤に、こっちが「なんでだろ?」って思うくらいに厳しかったんですよ。試合後にボコボコにしたこともあったし。

――11年の11・12大阪ですね、中邑選手が珍しく「殺すぞ!」と激昂して。中邑選手は内藤選手のことを「グラウンドができる」と認めていたので、あえてきつく当たった部分はあったのかもしれないですね。

たしかに内藤はグラウンドが強いですから。いま、あれから大きく変化したいまの内藤と中邑の試合はメチャクチャ観たいですね。おもしろいもんで、新日本の歴史は誰かが抜けたら、必ず誰かがその穴を埋めるんですけど、それだけ群雄割拠というか。外国人選手もトップがいなくなったら、すぐに次の外国人選手が育つし。いまの中邑vs内藤は東京ドームのメインでもいけるようなキラーカードだと思いますよ。

「アメリカに行きます。帰ってくるのは未定です」

――このあとの9月シリーズ中、棚橋選手にはアメリカのTNAから参戦オファーが届きます。それを受けて棚橋選手は9・21神戸で「ベルトにも絡みたいし、トップ戦線にも絡みたいけど、いまの俺じゃ何ともなんねえ。新日本のファンには悪いけど、悲しいお知らせがあります。棚橋弘至、アメリカに行きます。帰ってくるのは未定です」と宣言をして。

早い話がスランプに陥ってたわけですよね、ヒザの具合やほかの選手の台頭もあって。『G1』で結果を残せなかったのを引きずっていたなか、ちょうどいいタイミングで海外からのオファーが来たので、こっちとしても断る理由がなかったというか。

――そして、棚橋選手は10・13両国で蝶野選手と組んで中西&吉江組と対戦しますが、中西選手にフォール負けを喫し、「いまの俺は〝ダサカッコ悪い〟」という言葉を残し、10・26からTNA遠征に出発しました。

あれだけ自分をカッコいいって自画自賛してた人間がそう言うくらいなんで、本当に切羽詰まってたんでしょうね。やっぱり、環境を変えて充電するのも大切ですから。

――このときのTNA遠征では、のちに『CMLL FANTASTICA MANIA』などで活躍するボラドール・ジュニア選手とタッグを結成する機会が多かったようですね。

ボラドールとは06年のTNA遠征のときにはじめて会ったんですよ。かなり若いルチャドールがいて、一応挨拶をしたんですけど、生意気な感じで返してきたのを覚えてます。こっちも向こうをよく知らなかったんでしょうね、対応もちょっと変わって（笑）。ボラドールはあの動きですから、TNAでも活躍してましたよ。「ちょっとモノが違うな」って思いましたから。いまは俺もボラドールとすごく仲いいんですけど、最初の印象はよくなかったなあ。やたら尖っていて（笑）。

――そのほか、このときのTNA遠征で印象的だったことは？

試合自体はたくさんあったわけではなかったので、近場のジムによく行ってたんですけど、そこでベンチプレスの重量が飛躍的に伸びたんですよ。学生の頃に120～130キロを挙げてたんですけど、プロになってからは足とかほかの部位に比べて、ベンチはなかなか伸びなかったんですよね。でも、この遠征のときに150キロまで挙げられるようになって。単純に雑音がなく練習に打ち込めたというのと、あとは受付の女の子がかわいかったからスイッチが入ったのか（笑）。ある日、受付でその子がミネラルウォーターをくれたんですよ。通ってるうちに覚えてくれたみたいで、「あなたのために買っておいたの」って言ってくれて、「キュン！」ってなりました（笑）。

――トレーニングのモチベーションが上がったと（笑）。

2008年10月、アメリカのTNAへ。遠征という名の現実逃避。

スランプで海外に行って、ほぼ知り合いもいない潤いのない生活のなかで、カワイコちゃんからもらうミネラルウォーターがいちばんの収穫でした（笑）。それと、アメリカのジムは普通にマッチョがゴロゴロいますから、その環境からエネルギーをもらうというか、「こっちはプロレスラーだし、負けてらんねえ！」ってなりましたね。ちなみに日本に帰ってからもベンチは伸び続けて、13～14年あたりに190キロまでいきました。達成できたのはあのときのTNA遠征、というかジムのカワイコちゃんのおかげですね（笑）。

——当時、TNAにはハルク・ホーガンやスティングといった大物レスラーも数多く上がっていました。

TNAは完全に控え室が二分してたんですよね。トップ中のトップレスラーは別室扱いで、俺やボラドール、ジェイ・リーサル、オースティン・クリード（現WWEのエグゼビア・ウッズ）あたりは若手扱いという感じで、会場横のコンテナに詰め込められて（苦笑）。

——まだ、〝世界の棚橋〟になる前ですね。

日本の活躍は届いていないというか。いわゆる大物レスラーたちとの接点はそんなになかったです。AJも特別扱いでしたね。ただ、コンテナにいるレスラー同士はみんな仲良かったですよ。いろいろ、アメリカの流儀を教えてもらいました。とくに仲良かったのは、歳は10くらい離れてるんですけどクリードですかね、ノリがよくて。新日本にも一度来てるんですよね（2010年

4月）。そのあと、彼はWWEに上がるようになって、タッグのベルトを巻いたりしてるんで、がんばってるんだなって。

人生を懸けた大一番

――そのTNA遠征中、菅林社長（当時）が棚橋選手を現地のフロリダ州タンパまで訪問し、外敵王者として武藤選手が保持していたIWGPヘビー奪還に向け、最後の砦として挑戦を持ちかけます。しかし、棚橋選手は一旦これを保留しました。

そこは無期限のつもりで遠征に出て、まだ1か月も経ってない状況でしたし、「俺、とくに何も変わってないし！」っていう自覚がありましたから。喧噪から離れ、環境的にも練習に没頭できてたのでもうちょっと集中したくて。何か新技を身につけたとか、目に見えるような肉体改造をしたとかではないですからね。そうなると、精神的な変化しかないわけで。少し悩みましたけど、最終的には東京ドームのメインで、あの武藤敬司と向かい合って戦うことへの覚悟がついたんでしょうね。

――キャリア最大の大一番というか。

そうですね、俺のなかで武藤敬司っていう人は特別なので。その人と大舞台で向かい合う自信と覚悟。その気持ちを固めるのに、やっぱり〝最後の砦〟っていうシチュエーションが後押ししました。新日本の選手が次々と打ち負かされているという現状があって。

——武藤選手は4・27大阪で中邑選手を下して王座戴冠後、7・21月寒で中西選手、全日本プロレスの8・31両国でこの年の『G1』覇者・後藤選手、9・21神戸で『G1』準優勝者の真壁選手を相手に防衛。そして、10・13両国で中邑選手が雪辱戦に挑みますが、これも返り討ちにしました。

やっぱり、中邑が2度負けたっていう事実は大きかったですよ。「もう、ここで俺がいかなきゃダメでしょ」と。あとは菅林さんがわざわざ出向いてくれたっていうのも思うところがあって。俺も菅林さんとの歴史は長いですから。あの人は営業畑からたたき上げで社長になられて、ほかの社員さんからの信頼も厚くて。ちゃんとケツを拭いてくれる人なんですよ、大会全体に対する責任感や試合でケガしたときのケアとか。そこが頼りになるポイントで、そんな人から頼りにされたので、最後は「いくしかないな」ってなりましたね。

——当時、武藤選手は王者として新日本のビッグマッチのメインを締めくくり、「新日本のレスラーも社員も関係者も潤してやる」という発言もありました。

その言葉から考えると、やっぱり武藤さんは外敵と言えども、絶対的ベビーフェイスなんですよ。08年頃から新日本のビジネスが少しずつ上向きになっていったのは、武藤敬司という唯一無二の存在のおかげはあったと思います。

――外敵エースのような存在というか。

どの会場でも大・武藤コールでしたからね。その時期は、まだファン層も入れ替わっているような状況でなく、昔ながらのファンと、俺とかが地道にプロモーション活動をしてプロレスに興味を持ってもらった人が入り交じっている過渡期というか。ノスタルジーもあるし、新しい動きの胎動もある時期でしたよね。

――棚橋選手にとっては偉大な師匠ですよね。

そうですね。武藤さんのファンになり、「ああいうスターになりたい」と思ってレスラーを目指して、何の因果か付き人をやらせてもらって。一緒に巡業を回り、洗濯をしたりジムに行ったりして。飲みにも連れていってもらって、レスラーとはこういうものだっていうのを間近で見てきたので、このときのドームの武藤戦っていうのは本当に人生を懸けた大一番でしたよ。お膳立てが整ったというか、非常にプロレスというものを感じさせるカードだったと思います。あのとき、俺が32で武藤さんが45くらいですかね。いまの俺よりも当時の武藤さんは年上だったのを考えると、「俺もまだまだがんばらないとな」って思います。

――11月18日に正式に1・4東京ドームでの武藤戦が発表されますが、棚橋選手はその席上で「何としてもベルトを取り戻したい」「ドームという空間に棚橋が必要」「ここで決断できなければばただのバカ」と強い決意を示しました。

会見のときは気持ちの高ぶりを隠すというか、場の雰囲気に呑まれないようしようと思って、とにかく強がってました。プロレスを見てる人からすれば、武藤さんと並べばこっちが格落ちしてるように見えてしまうのはわかったんで、堂々と振る舞い、堂々と答えて。

——そして、12・7大阪に来場した武藤選手に対し、棚橋選手は「あなたが持っているIWGPヘビーのベルトは、新日本プロレスのものだ！」とあらためて宣戦布告。しかし、武藤選手はバックステージで棚橋選手について「アイツは俺の技ばっかパクるけど、俺はアイツの技をパクんねえ。それが俺の余裕だよ」と貫禄のコメントを残しています。

当時はそういうことをよく言われてましたね。でも、そのへんは俺、意に介してなかったですよ。「いやいや、ドラゴン・スクリューはもともと武藤さんじゃなく藤波さんの技だし」って（笑）。4の字固めだってリック・フレアーとか、名レスラーの使い手はいろいろいたわけで。

——レスラーはいろんな先駆者の技術を取り入れつつ、オリジナルを創り上げるというか。

俺もシャイニング・ウィザードが流行り技になったときに一瞬使ったりはしましたけど、意識的に武藤さんから拝借した動きはひとつしかないんですよ。いまはあんまり出さなくなりましたけど、コーナーで相手を背中向きで詰めてから、離れ際にやるカンガルーキックくらいで。あれは武藤さんが若い頃にやってるのを目にして「カッコイイな！」と思ったんで。俺、前に武藤さんとの試合で、本人にカンガルーキックを決めたことがあるんですよ。武藤さんもカチンと来たのか、同じ技を出そうとしたんですけど、俺は意識的にコーナーからパッと逃げたんです（笑）。武藤さんは「コノヤロー」と思ったでしょうけど、そういう駆け引きの面でも張り合いたくなる相手でしたね。

——心理戦ということですね。

その試合前に覚えているのが、俺が08年の年内最終戦の後楽園ホールで大会を締めるのにマイクを持って「いざドーム！」と決意表明しようとしたところで、女性ファンの方に「棚橋、武藤に負けろー！」って言われたんですよ（苦笑）。でも、その野次に対してブーイングが飛んでたので、わりと多くのファンは「もう、棚橋しかいない」というところで後押ししてくれてたと思います。

2009年1月4日

——そして、運命のドーム当日ですが、あのドームでは棚橋選手が入場時から闘志全開というか、感極まった表情だったのが印象的でした。

もう、ほぼ泣いてましたよね（笑）。バックステージでも、歯を食いしばって涙を必死に堪えていて。あんな気持ちになることはもうない

2009年1月4日、東京ドームでの武藤敬司戦。後にも先にも、これ以上のシチュエーションはなし。

だろうなっていうくらい、とにかく高ぶっていて。なんか、急にプロレスファン時代に戻っちゃったんですよ。「マジ？　俺、ドームのメインで武藤敬司とタイトルマッチだよ！」っていう。俺は武藤さんがUWFインターナショナルとの対抗戦のメインを飾ったのも、ファンとして観に行ってましたから。

――1995年の10・9東京ドームの高田延彦戦ですね。あのとき、外敵から新日本の牙城を守り抜いた武藤選手を、今度は棚橋選手が団体の威信に懸けて倒さなければいけない場面だったというか。

そうか、因果がありますね、歴史は巡るというか。あのときはそういうことが急にフラッシュバックしちゃって、目を閉じてパッと開けたら全部夢で、実家のベッドで寝転んでるんじゃないかなって（笑）。でも、目を開けてもドームだったんで「ヨシッ！　やるしかねえ！」って気合いを入れたんですけど、やっぱり感傷的な部分が上回っちゃったから涙目の入場になったんでしょうね。試合後の涙はあっても、試合前にっていうのは、あのときくらいしか記憶にないです。

――いろんな気持ちが交錯したんでしょうね。

はい、言葉ではうまく言えない気持ちというか。リングインしてからも、花道の奥に見える武藤さんだけを見つめて。この試合に向けてコンディションもかなり作り上げました、筋肉のキレがわかるように身体も絞って。その頃に武藤さんが「俺もタナみたいな身体になりてえよ」って言ってたのを小耳に挟んだんですよ。昔、〝セクシャルターザン〟と呼ばれ、自分が「あの大胸筋、カッコいいな！」って思ってた人にそんなこと言わせるなんて、「俺もまあまあやるな」と思いましたし、「だったら、もっと身体を作り上げてリングで向かい合ってやろう！」って。そうでもしないと呑み込まれちゃいますから。武藤さんと戦うにあたって、いちばん大事なのは、あのアクの強さに負けないことなんですよ。誰とやっても最後は〝武藤敬司の試合〟という印象しか残らないので。

――最初はじっくりとしたグラウンドで、相手をコントロールするというか。

そう、まずはグラウンドの攻防で完全にマウンティングして。武藤さんに乗っかられたら、なかなか動けないですから。永田さんも言ってましたからね、「若い頃に武藤さんとやると、すぐに上に乗ってきてよ。で、上で休むんだよ、あの人は」って（笑）。武藤さんには華やかなイメージがあると思いますけど、対戦相手はまずグラウンドの試練があるんですよ。

――武藤選手の寝技の強さは定評ありますよね。

しかも身体のサイズも俺とふたまわり違いますから。とにかく武藤さんの存在感に負けないように、俺はこのドーム直前の会見のときから自分のことを〝100年に一人の逸材〟って言い出したんですけど。最初は集まったお客さんも「急に棚橋は何を言い出してるんだ？　そんなキャッチコピー、あったっけ？」ってポカンとしてました（苦笑）。

――〝逸材〟というフレーズにしろ、「愛してま〜す!」にしろ、最初から受け入れられて定着したものではないんですよね。ドームの試合直前は感情が揺れ動いていたようですが、実際にゴングが鳴ってからはいかがでしたか?

その高い音色と共に、吹っ切れました。相手が誰であろうと、やるしかないっていうスイッチが入って。しっかり身体を作り上げた自信もありましたし。ただ、絞りすぎたからか、試合中に2回、筋痙攣を起こすんですよ。足をつってしまって。〝水抜き〟をやったのがよくなかったですね。よくボクサーが計量前にやる、皮下脂肪と皮膚のあいだの水分を取り去る作業なんですけど。

――ボクサーの場合は試合の前日計量で、そのあとに水分や食事を摂って当日までに体重を戻すんですよね。

俺の場合、キレキレの身体を見せるために試合当日に合わせて水抜きをやってしまって(苦笑)。足がつったとき、試合中に筋肉を伸ばして直してますから。緊張で筋肉が硬くなった部分もあったのかもしれないですね。でも、気力でカバーという感じでした。

――棚橋選手が試合のなかでフランケンシュタイナーやネックスクリューなど、武藤選手の得意技を出されていたのが印象的です。

そこは武藤さんに「アイツは俺のパクり」って言われてたんで、あえて出した部分はありました。武藤さんのサイズや運動神経は唯一無二なんで完全にマネはできないとは思うんですけど、こっちも天邪鬼なんで開き直って。そこもひとつの駆け引きというか、相手が武藤さんだからこそっていうのはありましたね。

――試合は互いにドラゴン・スクリューの応酬などヒザ攻めを軸に、熾烈なせめぎ合いとなりましたが、棚橋選手が勝負どころだと思った場面は？

終盤、ミサイルキックを打とうとした武藤さんがバランスを崩して、失敗したんですよ。そこで「アッ、武藤敬司でも技を失敗するんだ、同じ人間なんだな」って、自分の気持ちがスッと楽になり、俺はニヤッて笑うんですけど。そこからもう1回アクセルがかかって。あそこで武藤さんが完璧にミサイルキックを決めてたら、また流れも違ってたんじゃないですかね。そういう意味では、あのときは運を味方につけたと思います。たぶん、勝利の女神が棚橋のほうがタイプだったんですよ（笑）。

――最後は武藤選手のムーンサルトプレスをかわした棚橋選手が、ハイフライフローの2連発で劇的勝利。タイムは30分22秒でした。

その前年の『チャンピオン・カーニバル』の公式戦で武藤さんと対戦したときが30分時間切れ引き分けで、そのときの攻防と最後が似てたんですよね。

――『チャンピオン・カーニバル』では武藤選手がムーンサルトを狙ったところで30分時間切れ引き分けのゴングが鳴りました。ドームでは同じタイミングで武藤選手がムーンサルトを繰り出

30分22秒、ハイフライフロー2連発で師匠超えを果たす。試合後、とってもイイ顔をしています（自賛）。

しますが、棚橋選手が寸前でかわして、まるで引き分けに終わった試合の続きを観るような感じだったというか。

『チャンカン』のときに30分じゃなく60分一本勝負だったとしたら、俺がムーンサルトをかわせていたかどうかはわからないですけど。試合展開ってそんなにうまく計算してできるものじゃないのに、あとでドームの武藤戦を振り返ったら『チャンカン』とリンクしたというか、そこも「神がかってんな」って思いましたね。

――やはり、勝つならハイフライフローというのはありましたか？

そうですね。試合終盤になんとかドラゴン・スープレックスを決めたんですけど、ヒザのダメージもあってカウントの途中でブリッジが崩れてしまって。そもそも武藤さんの場合、身長差があるからフルネルソンで捕らえるのも難しいですし、僧帽筋が大きいので。

――12年の1・4東京ドームで内藤選手が武藤選手と対戦しましたが、大きくて持ち上げるのに体力をロスしたとおっしゃっていました。

また内藤と武藤さんの試合も観てみたいですけどね。いまの内藤だったら武藤さんに〝アク負け〟しないと思うので。武藤さんとの体格差を考えたときに、サイズに関係なく決められるハイフライフローしかないっていうのはありました。最後はもう意地の2連発でしたよ。

――あの武藤選手にドームのメインで打ち勝った瞬間の気持ちというのは？

レスラー生活に第1章、第2章っていうわけかたがあるのなら、あそこは完全にクライマックスであり、ピリオドでしたね。武藤さんに初勝利を収めると共に、いろんな重圧や自分にも勝ったような気がして。

——ちなみにこの大一番の試合後、バックステージで武藤選手が「駅伝じゃないけどタスキは棚橋に渡した。俺は自分が区間賞を獲ったって勝手に思ってる」と発言されています。

武藤さんの「プロレスはゴールのないマラソンだ」っていう有名な言葉に通ずるものがありますね。武藤さんの言葉のチョイスっておもしろいんですよ、文学的な匂いもして。たしかにプロレスは勝って終わり、負けて終わりじゃなくて、ベルトっていうタスキを受け取って自分の区間を全力で走るからこそ、次にまたタスキが渡ったときに、さらに加速していくというか。

——武藤選手は「ただひとつ言えるのは、アイツらがよく『新日本プロレスを守ったのは俺たちだ』って言うけど、守ってないから俺が呼ばれるわけで、それを自覚してもらわなきゃ困る」というコメントも残していて。

「もう、俺を呼ぶなよ」って言ってましたよね。その言葉はすごく覚えてます。武藤さんでお客さんを呼んだっていう感謝もありましたし、「次は俺たちで!」っていうのは思いました。

——実際にこれ以降、他団体所属の外敵王者というのは生まれていません。さらに武藤選手は08年のプロレス大賞MVPを受賞し、09年は棚橋選手が受賞したので、そういう意味でもこのとき

2009年1月4日、東京ドームで武藤さんを破り、IWGPヘビー級王座を奪還。「週プロ」増刊号の表紙は、いま見ても別人のようによい顔。

の1・4東京ドームがひとつの歴史の分岐点だったというか。

2009年の1・4東京ドームで歴史が動いたと。これはもう自分で言いますよ、タスキをもらった人間として自画自賛の武藤節も継承します（笑）。俺は武藤さんとはシングルで3回やって、1勝1敗1分けなんですけど、これは自分のなかでも大きな誉ですね。

――このときの棚橋選手は「武藤敬司っていう存在があったから、おれはここまで引っ張られた。誰かと誰かが戦って、次につながっていく。俺だって内藤や岡田（オカダ）を絶対に俺の位置まで引っ張り上げる。そしたらプロレスは不滅です」とおっしゃっていて。

そんなこと言ってましたか、有言実行すぎる（笑）。きっと、武藤さんも藤波さんや長州さんがいたから自分という存在を創り上げることができて、そのおふたりもアントニオ猪木さんがいてこそ、というのはあるでしょうし。プロレスって、やっぱりそうやって紡いでいくものなんだと思います。


（下巻へつづく）

本書は、新日本プロレスのスマホサイト(sp.njpw.jp)で連載中の
「棚橋弘至のＨＩＧＨ ＬＩＦＥ!!」をベースに、大幅に加筆修正し再構成したものです。

新日本プロレスブックス

HIGH LIFE《はいらいふ》
棚《たな》橋《はし》弘《ひろ》至《し》自《じ》伝《でん》 I

2021年6月25日　初版第1刷発行

著者　棚《たな》橋《はし》弘《ひろ》至《し》

装丁　金井久幸（TwoThree）

DTP　TwoThree

連載担当　真下義之（新日本プロレスリング株式会社）

構成　鈴木 佑

編集　圓尾公佑

写真　タイコウクニヨシ［カバー写真］
著者私物
新日本プロレスリング株式会社
株式会社ベースボール・マガジン社

協力　新日本プロレスリング株式会社

発行人　永田和泉

発行所　株式会社イースト・プレス
〒101-0051
東京都千代田区神田神保町2-4-7
久月神田ビル
TEL:03-5213-4700
FAX:03-5213-4701
http://www.eastpress.co.jp/

印刷所　中央精版印刷株式会社

ISBN978-4-7816-1968-2